知られたくないウラ事情「不都合な真実」

神樹兵輔
Heisuke Kamiki

世の中の仕組み&カラクリ

ぱる出版

まえがき
「ヤバイ話」や「ウラ事情」に通じていればこそ「賢い選択」ができる！

世の中には、「知られたくないウラ事情」がいろいろあります。
当事者にとって不都合なことは、隠しておきたいものだからです。
世間の麗しき誤解があれば、そのまま誤解させておいたほうが得策でしょう。
それに、誰もが真実を知ったからといって、必ずしも幸せとは限りません。
「知らないほうが幸せだった」という事柄だって、あるかもしれないからです。

ところで本書は、あえてそうしたウラ事情をほじくり返していきます。
当事者にとって不都合なことだろうと、知らないほうが幸せだった事柄だろうと、そうしたウラ事情を知っておくことが、私たちの生活や人生に、「新たな指針」をもたらす可能性がある——と信じているからです。

お隣の中国では、一党独裁の監視社会で、言論の自由がありません。言論の自由がなければ、学問の自由もありません。

独裁政権にとっては、「知られたくないウラ事情」だらけだからです。

日本は、そういう国ではない――と安心する人たちが大勢いますが、本当にそうでしょうか。マスメディアが、時の政権や商業資本の手先となって、忖度報道する姿勢を垣間見る今日では、戦前のマスメディアがたどった道を思い浮かべてしまいます。

いつのまにか知らないうちに、息苦しい世の中になっていた――ということのないように、いろいろな事案をほじくって、さまざまな議論を深めることが大切でしょう。

本書をお読みいただくことで、喜怒哀楽の感情を大いに味わわれ、今後の生活における「賢い選択」に生かしていただけたら、著者としては嬉しい限りなのです。

著　者

Part 1★　ますます不都合な事態が招来する日本の近未来社会！

Part 2★ 「人生の無駄金になるかも？」の欺瞞的ビジネスの儲けのカラクリ！

FILE 01

Part 1★　ますます不都合な事態が招来する日本の近未来社会！

【お受験】学力や知力が通用しない時代がやって来る⁉

◎しょせん、子どもの才能も能力も遺伝で6割決まる

◆学力・知力の6割は遺伝で決まる——という不都合なウラ事情

「行動遺伝学」をはじめとする近年の遺伝と能力等に関する広範囲に及ぶ研究によれば、人間の学力や知力は、もって生まれた遺伝子によって6割が決定づけられる——ということが明らかになってきています。

もちろん、学習しなければ、どんなに優秀な知力と学力のある両親の遺伝子を受け継いだ子でも、学力や知力は低くなります。環境も4割が関わるからです。

しかし、このことは、両親の遺伝子が「ふつう」ならば、どんなに頑張って学習しても、子の学力もそこそこの「ふつう」——という結果もあり得るわけです。

知能指数に到っては、8割が遺伝で決まるともいわれるようになっています。

世の中では、一生懸命勉強すれば、高偏差値の一流大学に誰でも合格できる――といった「神話」があるわけですが、学習に関わる遺伝子が優秀でないと、学習に要する「金・労力・時間」が、無駄になりかねない現実があるわけです。

もちろん、すべてが遺伝によって決まるわけではないものの、6割が遺伝の影響を受けるということは、学習能力においてすでに、大きな差があることが歴然としています。ろくに勉強しないでも、東大に入れる人がいるようにです。

受験産業にとっては、誰でも効率よく学習すれば、よい進学先に行けるという幻想が崩れてしまうので、いささか不都合なウラ事情ともいえますが、このことは、ふつうに考えてみれば、ごく当たり前のような話でもあります。

顔や肌の色、背の高さといった身体的特徴も遺伝ですし、体質や気質も遺伝するがゆえに、病気も遺伝することは今日常識になっています。

こんなことがわかっていながら、学力や知力だけは、努力すればいくらでも向上するという「環境要因」を信じていたいのは、学力や知力の「平等神話」に侵されているほうが、とりあえず夢を見られて幸せだからに他ならないでしょう。

◆子供一人を大学まで育てるだけで学習費用は1千万円以上！

文科省と日本学生支援機構のデータによると、子供一人の学習費は、幼稚園・小学校・中学校・高校・大学の19年間で、すべて公立なら793万円、すべてが私立なら2298万円かかります（2014年度）。

これは、授業料や通学費などの「学校教育費」、「学校給食費」、学習塾や習い事への支出などの「学校外活動費」の集計です。

大学浪人した場合や、下宿の費用は含んでいないので、そうした費用も加味すると、すべて公立でも概ね子供一人を大学まで進学させると、少なくとも1千万円はかかり、高校や大学だけが私立だと、1500万円はかかります。

子供一人育てるだけでも、莫大なコストがかかるわけで、大学を卒業しても正社員になれない比率は、4割に及んでいますから、そうなると元は取れません。

大学在学中に外国に留学などさせたら、さらにとんでもない費用になります。

詳しいことは後述しますが、子供が一人いるだけで、日本人は貯蓄もろくにできずに、貧困老後が待ち受けている——と言っても過言でないわけです。

フランスやドイツは、大学でも入学金、授業料がかかりませんが、英国や米国の私大の学費はべらぼうです。日本はその中間といったところです。

日本の大学進学率は5割を超えていますが、高校まですべて公立なら、523万円ですみますから、高卒で割り切って自分で事業を起こせるなら、そのほうが効率的ともいえるでしょう。

◆AI社会が到来すれば、今ある仕事の5割がなくなる！

イギリスのオックスフォード大学でAI（人工知能）などを研究するマイケル・A・オズボーン准教授が、研究スタッフとの共著として、2014年に発表した論文「雇用の未来――コンピュータ化によって仕事は奪われるのか」は、世界中に衝撃を与えました。

米国労働省が定めた702の職業を、クリエイティビティ、社会性、知覚、細かい動きなどの項目で分析したところ、今後10年～20年で47％の仕事がテクノロジーにとって代わられる――というものだったからです。

もちろん、新しい仕事も生まれるので心配する事態にはならないという識者も多くいますが、ホワイトカラーの仕事でさえ多くが不要になるのは確かでしょう。

◆学力や知力よりも「非認知スキル」の有用性が高まる時代へ！

10年後には、タクシー運転手やトラック運転手が要らなくなるばかりか、弁護士や会計士の分析的業務、医師による診断などもＡＩの判断が主流になれば、業務の内容は著しく変わります。

こうしたことも踏まえ、米国の最先端の教育研究では、数学や語学、読書といった学力に通じる「認知スキル」や「ＩＱ（知能指数）」も大事ながら、むしろ、人生での成功（社会的評価や経済的基盤構築）に通じる上では、潜在的な「忍耐力」「協調性」「リーダーシップ」「知的好奇心」「セルフコントロール力」などの「非認知スキル」の醸成こそが重要という認識がにわかに高まっています。

幼少時に「しつけること」と自然環境下で「思いっきり遊ばせること」や、グループ作業による「コミュニケーション力の育成」といった事柄に有用性を見出すのです。詰め込みの知識教育よりも、人間の本能ベースでの力を重視した「非認知スキル」こそが人生の成功につながる――といった因果関係の研究が進んでいます。

高度にテクノロジー化が進んだ社会では、「人間力」が勝負を決めるのです。

子供への過度な教育費の垂れ流しが、意味をもたなくなる可能性は大なのです。

「遺伝」はここまで影響する！

知 力 60%～70%	数学力だけは70～80%遺伝する。IQ（知能指数）は80%遺伝する。暗記力は60%で、語学力は環境要因の影響が大きく、遺伝は30～40%にとどまる。学力は、好奇心や集中力の要素も大事だが、50～60%は遺伝する。
体 力 50%～60%	栄養補給など環境要因にもよるが、身長や体格の70～80%は遺伝する。運動能力は、筋力や柔軟性の遺伝が、40～50%影響する。ただし各種スポーツの能力は60～70%。
気 質 50%～60%	集中力だけは70～80%遺伝する。真面目さや神経質、頑固といった気質は概ね50～60%とされる。ギャンブル好きは40%。盗癖や嘘つきは30～40%とやや低い。
身体的特徴 70%～80%	顔立ちや顔の各部のパーツは80～90%遺伝する。ハゲやデブも70～80%と高い。肌の色や体臭も70～90%遺伝する。歯並びは90～100%に及ぶ。
センス 30%～40%	絶対音感や楽器操作などは、30～40%しか遺伝しない。ただし、音楽的センスや文章執筆能力は60～70%に及ぶ。絵の巧さは30～40%しか遺伝しない。
病 気 50%～80%	ADHD（注意欠如多動性障害）やアトピー、加齢黄斑変性、潰瘍性大腸炎などは70～80%遺伝する。胃がん、高血圧、脂質異常症、慢性腎臓病なども60～70%遺伝する。体質そのものの遺伝が50～80%ある。

※遺伝に関わる各種の学術研究データやレポートから抜すいして構成

FILE 02

【宝くじ】配当金は50%以下、本当に儲かっているのは誰？

◎買えば買うほどビンボーになる、最も効率の悪いギャンブル

◆東京都の人口でたった1人が当たる確率！

宝くじの年間売上は、9154億円（2015年度）です。

2005年度の1兆1千億円をピークに2割近くも減少しています。

そのせいか、年5回発売のジャンボ宝くじの当選金は5億円（1等前後賞で7億円）にまで高騰させて、人気を挽回させるべく躍起になっています。

しかし、当選金に充てる配当金はたったの47%で、他の競馬や競輪、競艇などの公営ギャンブルが75%もあるのに比べて、著しく低くなっています。

民営のパチンコは、配当率が85%もあります。

つまり、もっとも効率の悪いギャンブルなのです。

それだけではありません。

1枚300円の宝くじの当選確率は、1000万分の1です。年間に雷に打たれて死亡する人の確率とほぼ同じか、あるいは東京都の人口（1371万人・2017年5月1日推計値）で、たった1人が当選するほどしか当たりません。

買えば買うほど、ビンボーになるのが必至というのが、宝くじです。

それなのに、なぜ買う人がいるのでしょうか。

◆「認知バイアス」が思考を歪ませる！

人の思考には、バイアスがかかります。

バイアスとは、偏り、偏見、傾き、傾向のことを言います。

「認知バイアス」とは社会心理学でいうところの「誤った選択・不合理な選択」のことです。人は無意識のうちに、何らかの認知バイアスに陥るために、当たらない宝くじなのに、ついつい買ってしまいます。総じて人は、未来に対してネガティブに考えるとストレスなので、ポジティブに考えてしまいがちだからです。

「他人はともかく、自分だけには当たるかもしれない」というバイアスなのです。

◆認知バイアスのいろいろ

こうした認知バイアスを参考までに見ておきましょう。あなたも、これらの心理によって宝くじを買ってしまったことがあるのではないですか。

※感情バイアス………他の人は当たらないが、自分だけは運よく当たるかもしれないと考え、当たった時を想像してワクワクする。

※確証バイアス…………「高額当選者の7割は、10年以上買い続けた人」などの都市伝説を信じ、買わなければ絶対当たらないと思う。

※正常性バイアス………2016年の宝くじ1億円以上当選者は552人で15時間ごとに億万長者が生まれ、1千万円台当選者は3571人なので、2・4時間ごとに1人の千万長者誕生ペースと聞くと、宝くじを買う行動は正しいことに思える。

※喪失不安バイアス……何年も宝くじを買い続けてきたので、途中でやめると過去の努力と資金が無駄になると思い、やめられない。

※集団同調性バイアス…多くの人が売り場に並んでいるのを見ると、自分も仲間にな

ることでチャンスが舞い込むように思える。

※正当化バイアス……自分にツキがあると思うと他人の分まで買ってあげたくなり、ない時はツキのある人に買ってもらいたくなる。

※アンカーバイアス……自分より、運がないはずと信じていた人が当選したといった話を聞くと、自分にもチャンスがあると思う。

このように、論理的には、当選確率が低すぎるにもかかわらず、自分だけはチャンスに恵まれている——と思えるバイアスが働くために宝くじを買ってしまう人が存在するのです。大いなる幻想の仕業といえるでしょう。

◆総務省OBの金城湯池《きんじょうとうち》になっている！

つまり、宝くじは、詐欺のような悪徳商法といってよいのです。

かつて「息を吐くようにウソをつく」と揶揄された民主党（現民進党）が、2010年の政権時に政治的パフォーマンスで行った「事業仕分け」においても、宝くじは、総務省OBの天下り公益法人の温床につながっているとして、「廃止」を結論づけたこともあるのです（法人や自治体の反発で結局難なく存続された）。

◆「社会貢献」の建前の陰で甘い汁が吸える「利権の巣窟《そうくつ》」が宝くじ！

２０１５年の宝くじの売上は左頁の図の通りですが、約４割（３６３９億円）が社会貢献に使われていると称していますが、金の流れは、全国の都道府県・政令指定市の公共事業に流れるだけでなく、「全国自治宝くじ」を標榜しながら、国の総務省所管の１００以上の公益法人・団体がぶら下がり、これらに総務省ＯＢが１００人以上天下りして、高給を食《は》んでいます。

また、印刷経費や売りさばき手数料、社会貢献広報費などの名目でも約13％（１２１２億円）が流れていますが、こちらにも複数のルートで同じ法人に資金移動させているケースが多く、魑魅《ちみ》魍魎《もうりょう》の好き勝手に金を分配している構図があるのです。販売を取り扱うみずほ銀行にとっても、おいしい利権です。

なけなしの小遣いで、億万長者を夢見て宝くじを買う庶民は「いい面の顔」というわけです。宝くじの売上が、官僚ＯＢの人件費や、無駄な公共事業の垂れ流しにつながっているのが現状であり、資金ルートを明確にできないならば、即刻こんなものはやめるべきなのです。

騙されている庶民も、今後は一切宝くじを買わない選択が賢明と言えるでしょう。

宝くじはまやかしのギャンブル！

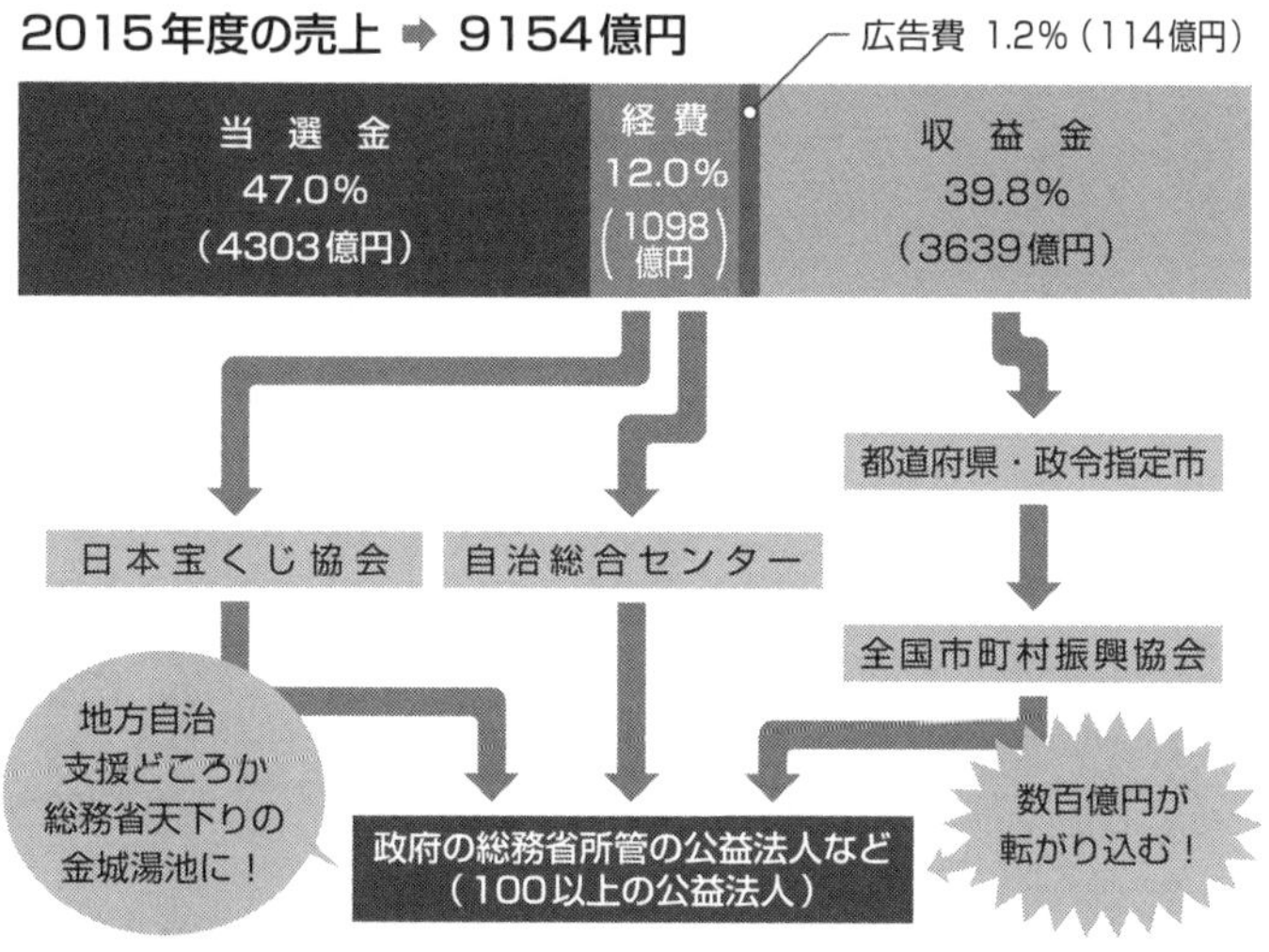

公営収益事業との比較

競技名	根拠法	成立年	監督官長	売上	配当率
地方競馬	競馬法	1948年	農林水産省	4870億円（2016年度）	約75%
中央競馬	競馬法	1948年	農林水産省	2兆6913億円（2016年度）	約75%
競輪	自転車競技法	1948年	経済産業省	6345億円（2016年度）	約75%
競艇	モーターボート競争法	1951年	国土交通省	1兆1111億円（2016年度）	約75%
オートレース	小型自動車競争法	1950年	経済産業省	654億円（2016年度）	約75%
宝くじ	当選金付証票法	1948年	総務省	9154億円（2015年度）	約47%
toto	スポーツ振興投票法	1998年	文部科学省	5738億円（2016年度）	約45%
※公営でなく民営のギャンブルでは…					
パチンコホール	風俗営業法	1948年	警察庁	23兆2290億円（2015年・貸玉料＝売上）	85%

FILE 03

【忖度報道《そんたく》】政権癒着で真実が隠される！

◎政権監視もままならず、ますます腐ってきた日本マスメディアの凋落《ちょうらく》！

◆視聴率減・部数減で青息吐息に！

日本のマスメディアの凋落・劣化がいよいよ本格的になってきています。

在京キーテレビ局のゴールデンタイム（19時～22時）の平均視聴率も、かつては20％～30％台は当たり前の時代がありましたが、今日20％を越える番組はほとんどなく、10％台後半に乗れば、御《おん》の字のような状態になっています。

CMも減ったために、やたらと自社番組の宣伝ばかりが目につきます。

日本の新聞の部数もどんどん減っています。日本新聞協会のデータによれば、2000年の一般紙とスポーツ紙の合計5370万部が、2016年10月時点には4327万部になっています。2割も減少しました。

大手5紙（読売・朝日・毎日・日経・産経）だけで見ても、2016年8月のAB

C公査部数で、読売が895万部、朝日が645万部、毎日が305万部、日経が271万部、産経が159万部と軒並み部数が減っているのです。

とりわけ、部数減に拍車をかけたのは朝日です。

かつての「慰安婦報道」の誤りを認め、社長が過去記事の訂正謝罪会見をした2014年9月以降、読者の怒りを買って急速な朝日離れが起きたからでした。

◆日本の新聞・在京キーテレビ局の系列はもともと異常な構造！

もともと在京キーテレビ局は、大手5紙の系列下にぶら下げるべく、1957年当時の田中角栄郵政大臣が、放送局一斉予備免許を出したことに始まります。

非常に少ない電波料負担だけで、莫大なCM料金で在京キー局が稼げる仕組みをつくってやり、政府の言うことに在京キーテレビ局も新聞社も逆らえないよう工作したのです。さらに、大手5紙の執拗なおねだりにも応え、この時代に東京都心の一等地にあった国有地を次々と格安価格で払い下げ、本社にさせています。

日本の大手新聞社も在京キーテレビ局も、自民党政権から、ビジネスモデルをプレゼントされたので、しょせん一部マスメディアが偉そうに政権批判をしたところで笑える話なのです。産経や読売は、今や堂々と安倍政権の太鼓持ちです。

◆政権批判も好き放題だったマスメディア！

しかし、こうした経緯がありながら、日本を代表するマスメディアは、政権の人民日報にはならず、自分たちメディアは数百万の国民を言論誘導できる——とばかりに、政権批判も好き放題にやってきたのです。

たとえば、第一次安倍政権（06年9月〜07年8月）は、「美しい国ニッポン」などと訳のわからないスローガンを掲げ、次々と頻発する「お友達内閣」の不祥事を頻発させましたが、マスメディアは待ってましたとばかりに安倍政権をコテンパンに叩いて体調を崩させ、唐突に政権を投げ出させるまでに追い込みました。

しかし、その後は自民党の福田政権、麻生政権を経て、民主党に政権が移り、鳩山政権、菅政権、野田政権と失笑を買いまくった挙句、再び自民党に政権は戻り、なんと大失敗した安倍首相が、再び第2次政権を発足させます（2012年12月〜）。

◆安倍内閣は「電波オークション制」を破棄してマスメディアを取り込んだ！

5年ぶりに政権の座についた安倍晋三首相は、持病も新薬で治し、今度はマスメディアを敵に回さず懐柔する「したたかさ」を身につけていました。

安倍首相は、日本のマスメディアのビジネスモデルを、自民党政権が作ってやった――ことを思い出したのでしょう。諸外国ではもちろん、マスメディアがこのように政権から便宜供与を図ってもらう例はありません。都心の一等地にあった国有地を、5つの新聞社がそれぞれ格安価格で譲られて本社屋を建てたり、新聞社系列のキーテレビ局には格安で電波を供与されたり、政府や自治体丸抱えの記者クラブを併設されるなどすれば、それは癒着であり、報道の自由は機能しないからです。

実は、散々な評判の旧民主党政権でしたが、この政権は、特定のテレビ局に電波を独占させるのをやめ、自由に経営に名乗りを上げられる「電波オークション制」を閣議決定し、電波法改正案まで用意していました。国の財政が苦しい現在、諸外国が実施しているこの制度を導入すれば、現在のキー局が払っている格安電波利用料（全体のたったの8％・60億円程度の負担で5百倍の収益を上げており、残り大半の9割近くを携帯電話会社が利用者から徴収し負担する構図）を、10倍以上の1兆円前後にアップ出来て国庫も潤せるからでした（現行の電波利用料は合計してもたったの700億円程度しかない）。

しかし、安倍首相は、第2次政権を発足させるや、ただちにこの法案を葬ります。もちろん、マスメディアは安堵して大喜びです。マスメディアはこれを機に、安倍政権とズブズブの蜜月関係になっていったのです。

◆新聞社の公然の秘密「押し紙」発覚で不当利得返還・請求訴訟も可能！

これでようやく、田中角栄氏が目論み、マスメディア支配を狙ってきたことが、安倍政権によって実現したのです。このようにして、日本のマスメディアは、戦前の大政翼賛会ばりに安倍政権に忠誠を誓う言論機関となり下ってしまいました。

もちろん、これからも安倍政権の消費税導入にも賛同し、自らは軽減税率の適用を政権におねだりするでしょう。憲法改正にも前向きになることでしょう。

また、大手5紙の新聞社は、専売店を通じての宅配制度を維持していますが、ABC公査での部数は刷り部数で決まるものの、実際に専売所に届ける新聞の部数は、実際の購読部数よりも2～3割多いことが、昔から指摘されています。

いわゆる販売店に押し付ける新聞で、その分の購読料も吸い上げるので「押し紙」と呼ばれるものです。つまり、新聞社の部数は、かなり水増しされています。

紙面に載せる広告も、専売店が受け付ける折り込みチラシも、ABC公査部数を前提に料金設定されており、これは2～3割増しの詐欺ぼったくりなのです。

ネットには専売店が大量の新聞を古紙回収業者に処分させる動画が多数あります。広告主が、不当利得返還請求を行えば、過去10年分まで取り戻せるのです。

国家権力とマスメディアはズブズブの関係だった！

－2016年8月時点－

大手新聞各社は、かつて都心の一等地にあった国有地を格安の価格で払い下げて貰い、本社屋を建てた。

大手マスメディア

読　売 895万部	キーTV局 系列局
朝　日 645万部	キーTV局 系列局
毎　日 305万部	キーTV局 系列局
日　経 271万部	キーTV局 系列局
産　経 159万部	キーTV局 系列局

2015年の電波料747億円のうち、8・3％の62億円の支払いだけで、放送局はその5百倍を売り上げている（原資は安すぎ！たったの0・2％）。

※時効は10年なので広告料は不当利得の返還を求められる

この部数が2～3割水増しだと広告料金もボッタクリになる

1957年当時の田中角栄郵政大臣が一斉予備免許授与！

※のちに首相となった田中角栄氏は、マスメディア支配を狙ったが、うまくいかなかった！

日本の電波料を諸外国並みに「オークション制」にすると…

たったこれだけ！
（このほとんどを携帯電話会社が負担している。）

電波利用料
747億円
（2015年）

※総務省の特定財源となっており、使途のチェックは極めて不明瞭。

1兆円前後が国庫に入る！

※安倍首相がストップしてくれたおかげで放送局は胸をなで下ろした。

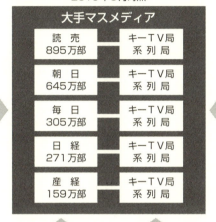

FILE 04

Part 1★ ますます不都合な事態が招来する日本の近未来社会！

【中国産】はびこる「毒まみれ食品」の恐怖！

◎チェックは1割足らず、9割がNOチェックで中国産食品が庶民の胃袋に！

◆いつ「大当たり！」が出るのか――戦々恐々の実情が野放し！

スーパーの店頭では、ほとんど見かけない中国産の食材ですが、実はあらゆるところに、中国産の食材が、ほとんどNOチェックで並んでいます。

外食のレストランやファストフード、中食にあたるスーパーやコンビニのPB食品や弁当類、総菜類、加工食品や冷凍食品、缶詰類には、中国産の野菜や肉類（豚・牛・鶏）、甲殻類、豆類とその加工品がてんこ盛りだからです。

何といっても、中国産食材は、国内産と比べて安いからに他なりません。

たとえば野菜は、国産と比べても、平均して3～6割も安いのです。

日本の野菜の国内生産額は2兆2463億円にのぼりますが、これとは別に輸入野菜3870億円が加わり、野菜全体の生産額の15%が輸入野菜になっています。この輸入野菜のうち、5割を占めているのが中国産（7.5%）なのです（2013年）。

実は、輸入野菜が危ない——というのは、中国産に限った話ではありません。

ただでさえ、畑で農薬まみれの上、輸入野菜は船で運ぶため、ポストハーベストという問題がつきまとっているからです。

これは、収穫後に使う防カビ剤や殺菌剤、防虫剤のことです。

畑で使われる農薬とは区別され、食品添加物に分類されますが、催奇性や発がん性が問題視されるため、諸外国でも日本国内でも、流通する国内産の野菜や果物類への使用は禁止されています。畑で散布される農薬の数十倍の濃度になるため、残留度が非常に危険視されるからです。

◆輸入時の検疫チェックはたったの10%、残り90%は書類審査でスルー！

残留農薬のチェックは、行われているのか——といえば、10%程度しかチェックされません。しかも、チェックはしても、モニタリングなので流通をストップさせるわけではなく、結果が出るのは数日後で、クロと判明した場合でも、すでに消費者の胃袋に収まってしまっている——というのが実態なのです。

残りの90%は、書類チェックで素通りしています。検疫職員の絶対数不足（全国32か所に3百数十名しかいない）でどうにもならないからです。

◆相手国まかせの「信頼」だけで「食の安全」を担保するお寒い実情！

建前だらけのモニタリング検査ですが、厚労省は次のような項目だけは、もっともらしく検査項目に挙げています。

※抗生物質、合成抗菌剤、ホルモン剤等の残留動物用医薬品（抗菌性物質等）
※有機リン系、有機塩素系、カーバメイト系、ピレスロイド系等の残留農薬
※保存料、着色料、甘味料、酸化防止剤、防ばい剤等の添加物
※腸管出血性大腸菌、リステリア・モノサイトゲネス、腸炎ビブリオ等の病原微生物
※成分規格で定められている大腸菌群等の成分規格
※アフラトキシン、デオキシニバレノール、バツリン等のカビ毒
※安全性未審査の遺伝子組み換え食品の使用の有無
※認められていない放射線照射の有無

これだけチェックしているといっても、水際で食品をストップさせて行う検査でない限り、食の安全性が保たれているとは、とても言えない状況なのです。

検疫チェックに当たっている食品衛生監視員の「輸入食品は日常生活では食べないようにしている」という雑誌の座談会での発言が信憑性をもつゆえんです。

厚労省のHPでは、輸出国での対策も実施しており、日本の規制に合った生産、加工、製造の管理が行われ、輸出国の証明書が付き、輸入前チェックも行われているから問題ないと強弁しています。しかし、中国は、これまでの悪しき経緯からも、信用できる体制が整備されているとはとても言い難い国でしょう。

◆モラルのない中国では毒食流通が当たり前の日常！

偽装、すり替え、毒物混入、不衛生、賄賂、拝金志向……などなど、中国国民の食の安心・安全さえ守られていないのですから、お寒い話なのです。

厚労省は、2014年度に中国からの食品には202件の食品衛生法違反があったものの中国の違反率は0・03%で、全輸出国の違反率0・04%より高くないとしているものの非常に怪しいのです。かつて、中国産野菜は、残留農薬の基準値を大幅に上回って大問題になりました。スーパーの店頭に並べても売れなくなったのはそのせいです。今でも中国国内では、毒食事件には事欠かず、国民の多くが自国産の食品に疑いをもっている状況ですから、名状しがたいものがあります。

◆原産国表示を徹底しなければ「食の安全」は守れない！

かつて、農水省はどこの国も使っていない「カロリーベース」といった指標を作り、日本の食料自給率は4割しかなく、食料安保上、極めて懸念が大きい——などとしてきましたが、世界標準の「生産額ベース」では、水産品を除く農業生産額だけでも8・2兆円もあり、日本は、中国、アメリカ、インド、ブラジルに次ぐ世界5位の農業大国でした。予算と省益を守るべく平気でウソをつく官僚たちですから、中国産食品の違反率が低いといわれても、にわかには信用できないのです。

中国にはトレーサビリティがなく、どこで誰がどう作ったかなどわかりません。

私たち日本人が、食の安全を守るためには、外食、中食、加工食品すべてにおいて、原産国表示を徹底するよう法律の改正を求めるよりないでしょう。

食材の産地を明らかにしていない外食や中食、加工食品は、今後一切利用しない——といった消費者の強い意思表示行動で、日本の食の安心・安全を図らせていく他ありません。

中国産輸入食品の「食品衛生法」違反事例（抜すい）

品名	違反内容	品名	違反内容
冷凍ギョウザ	成分規格不適合（生菌数）	焼き鳥・つくね串	成分規格不適合（E.coli）
冷凍水煮イカ	漂白剤・二酸化硫黄の過量残存	食肉製品（蒸し鶏）	成分規格不適合（大腸菌群）
冷凍ロールキャベツ	成分規格不適合（大腸菌群）	ポークソーセージ	成分規格不適合（亜硝酸根）
冷凍ミックス野菜	成分規格不適合（生菌数）	穴子すき身	保存料・ソルビン酸の過量使用
冷凍エビ	酸化防止剤・二酸化硫黄の過量残存	乾燥タケノコ	漂白剤・二酸化硫黄の過量使用
冷凍あじフライ	成分規格不適合（生菌数）	乾燥シイタケ	漂白剤・二酸化硫黄の過量使用
冷凍カキ（むき身）	下痢性貝毒検出	乾燥エビ	酸化防止剤・二酸化硫黄の過量使用
冷凍ハンバーグ	成分規格不適合（E.coli）	乾燥きくらげ	漂白剤・二酸化硫黄の過量使用
冷凍ビーフコロッケ	成分規格不適合（E.coli）	乾燥エノキタケ	漂白剤・二酸化硫黄の過量使用
味付けメンマ	保存料・ソルビン酸カリウムの対象外使用	塩蔵らっきょう	漂白剤・二酸化硫黄の過量使用
味付けザーサイ	保存料・安息香酸の対象外使用	塩蔵生姜	漂白剤・二酸化硫黄の過量使用
調味料（オイスターソース）	保存料・ソルビン酸の対象外使用	りんご調整品	酸化防止剤・二酸化硫黄の過量使用
乾製品エビ	漂白剤・二酸化硫黄の対象外使用	フリーズドライキムチ	指定外添加物・ポリソルベート使用
大粒落花生	アフラトキシン（カビ毒）の発生	ピータン	指定外添加物・酸化亜鉛含有
生鮮キヌサヤエンドウ	成分規格不適合（シペルメトリン）	ナッツ類（くるみ）	アフラトキシン（カビ毒）の発生
生鮮大葉	成分規格不適合（クロルピリホス）	たらこ	発色剤・亜硝酸根の過量残存
生鮮タケノコ	腐敗、変敗、カビの発生	うるち精米	腐敗、変敗、カビの発生
生鮮セロリ	成分規格不適合（クロルピリホス）	かんぴょう	漂白剤・二酸化硫黄の過量使用
水煮えのき茸	漂白剤・二酸化硫黄の過量残存	シロップ漬クリ	酸化防止剤・二酸化硫黄の過量使用
水煮野菜	漂白剤・二酸化硫黄の過量残存	シロップ漬りんご	酸化防止剤・二酸化硫黄の過量使用

※E.coli は糞便性大腸菌群（食品衛生法）。

FILE 05

Part 1★ ますます不都合な事態が招来する日本の近未来社会!

【危ない食品】横行する奇怪な加工・替え玉食品

◎外食・中食・加工食品産業では魑魅《ちみ》魍魎《もうりょう》が跋扈《ばっこ》する!

◆格安外食チェーン店も厳しい時代に直面!

日本は1997年頃から、恒常的にデフレに陥ります。

デフレは、物価が下がっていく現象ですから、経済が縮小します。

物価が下がるだけでなく、賃金も下がるスパイラル（らせん・渦巻）構造です。

飲食店も、個人経営では仕入れに限界があり、立ち行かなくなります。

価格を抑え、格安を売りにしたチェーン店でないと生き残れないわけです。

そうした飲食店の食材費の原価は、30〜35%が適正とされています。

人件費を削り、食材原価を削って低価格に徹してきた飲食店チェーンも、昨今はブラック呼ばわりでスタッフも集まらず、人件費高騰に抗えず、食材原価の圧縮も限界、そのうえ不景気ですから、ますます苦しい戦いになってきています。

おまけに民間は誰も得をしないのに、ビール、発泡酒、第3のビールまで酒税法改定で2017年6月からは、政府の恣意的な税収アップで軒並み値上げです。

アベノミクスとやらの円安インフレ促進策で、庶民の懐は直撃されっぱなしです。好景気で自然にインフレになるのでなく、インフレにすれば好景気になるという屁理屈の異次元規模の超金融融和で、今や日銀は出口不能に陥りました。

いずれにしろ、消費税が還付される輸出大企業の内部留保だけが膨らみ続けて、庶民の懐は寂しくなる一方の政策なので、将来不安で国内消費はますます盛り上がりません。外食・中食・加工食品業界の中でも外食が一番厳しいゆえんです。

◆デフレで磨かれてきた日本の高度な食品加工技術！

そんな外食産業の裏側では、デフレ生き残りのためのさまざまな工夫がありました。そのへんの知られたくない、涙ぐましいウラ事情を見ておきましょう。

外食チェーン店のビジネスモデルは、徹底したコスト削減策にあります。

前述したように、肉も野菜もとにかく安ければよいと輸入モノを使います。

さらに食材費を落とすため、本物を巧妙に加工して別物を作る技術もあります。

◆本物そっくりの成型肉が使われている現状！

たとえば、安い赤身の牛肉を高級な霜降り肉に変身させたり、細かい端切れ肉をつないで、ステーキ肉や焼き肉用の塊り肉を作っています。

赤身の牛肉は、ベルトコンベアーに載せられて、液状化させた牛脂が数十本の針で次々と注入されます。これで偽装肉（インジェクション肉）が作られます。

また、細かい端切れ肉は、結着剤（リン酸ナトリウム、カゼインナトリウム、増粘剤）で混ぜ合わせて、圧をかけると肉塊が出来上がります。

これで、ステーキや焼き肉用として提供できるわけです。

素人が見ても、もちろん、まったく成型肉と本物の区別はわかりません。

安い焼き肉店チェーンは、このおかげで営業ができるわけです。

ハンバーグや肉まん、餃子の具、ミートボールなども、クズ肉のミンチを、大豆たんぱくなどの練り物と混ぜ合わせ、固めて作ります。

これを仕入れて外食の提供料理や中食の総菜や弁当に使うのです。

そもそもアメリカや豪州などの牛、豚が安いのは、成長ホルモンの微細カプセルを耳に打ち込まれた家畜のために、飼料代も軽減されるからです。

ＥＵは、成長ホルモン使用の家畜の輸入は禁止していますが、日本はアメリカに逆らえないので、安全性に疑問符が付いていても、輸入禁止には出来ません。

◆安い古米や古々米が「おいしいごはん」に早変わり！

スーパーなどの格安弁当や回転寿司に使う米でさえ、食材の原価率を下げ、添加物で色合いを新鮮に見せる工夫があります。

安いのは、古米や古々米ですが、これを削って粒を小さくし、この米を長時間、ショ糖エステルなどの乳化剤、グリシンや果糖ブドウ糖液を加えた水に漬けこむと、粒が膨らんで大きくなるのです。

これを、増粘《ぞうねん》多糖類や大豆油などを加えて炊くと、モチモチ感たっぷりで、冷めてもおいしく、時間が経っても黄色くならない真っ白なお米になります。

あるいは、古米や古々米を、次亜塩素酸水溶液で漂泊して、色や臭みを一気に抜いてしまうという昔からの伝統加工技術もあります。

安い価格で、外食や中食、加工食品が提供されるのは、このように世界最高水準とまで言われる日本の食品加工技術のおかげなのです。

もちろん、人体への悪影響はなく、安全とされているのは当然のことなのです。

◆回転ずしネタは「代用魚」だらけ！

回転ずしで、お皿に載って回っている寿司ネタも、本物でないものが沢山あります。有名なのはエンガワでしょう。エンガワの本物は、ヒラメのエンガワなのですが、わずかしか取れない部位なので本来は高価です。そこで、大型深海魚のカラスガレイやオヒョウと呼ばれる巨大魚を代用し、安価でおいしいエンガワがいただけます。

面白いものではアナゴもあります。これも本物のアナゴは使いません。クロアナゴという別種か、ウミヘビを代用魚として用いています。

マグロと思って食べているのはガストロというスズキ目・サバ科の大形魚か、アカマンボウ、アロツナスという代用魚です。ブリはシルバーワレフ、もしくはオキメダイです。赤貝はアメリカイタヤガイ、ヤリイカはヒメジンドウイカ、アジアジンドウイカです。サーモンはニジマスです。カンパチやハマチと称しているのはシイラやスギです。タイはナイルテラピア、アメリカナマズです。

甘エビはアルゼンチンアカエビです。いずれにしろ、本物でない代用魚が沢山活用されています。ＪＡＳ法には、原材料や原産地の一定表示の義務付けがありますが、外食やインストア加工品については、そうした表示義務がないからです。

業態別外食産業の市場規模（2015年）

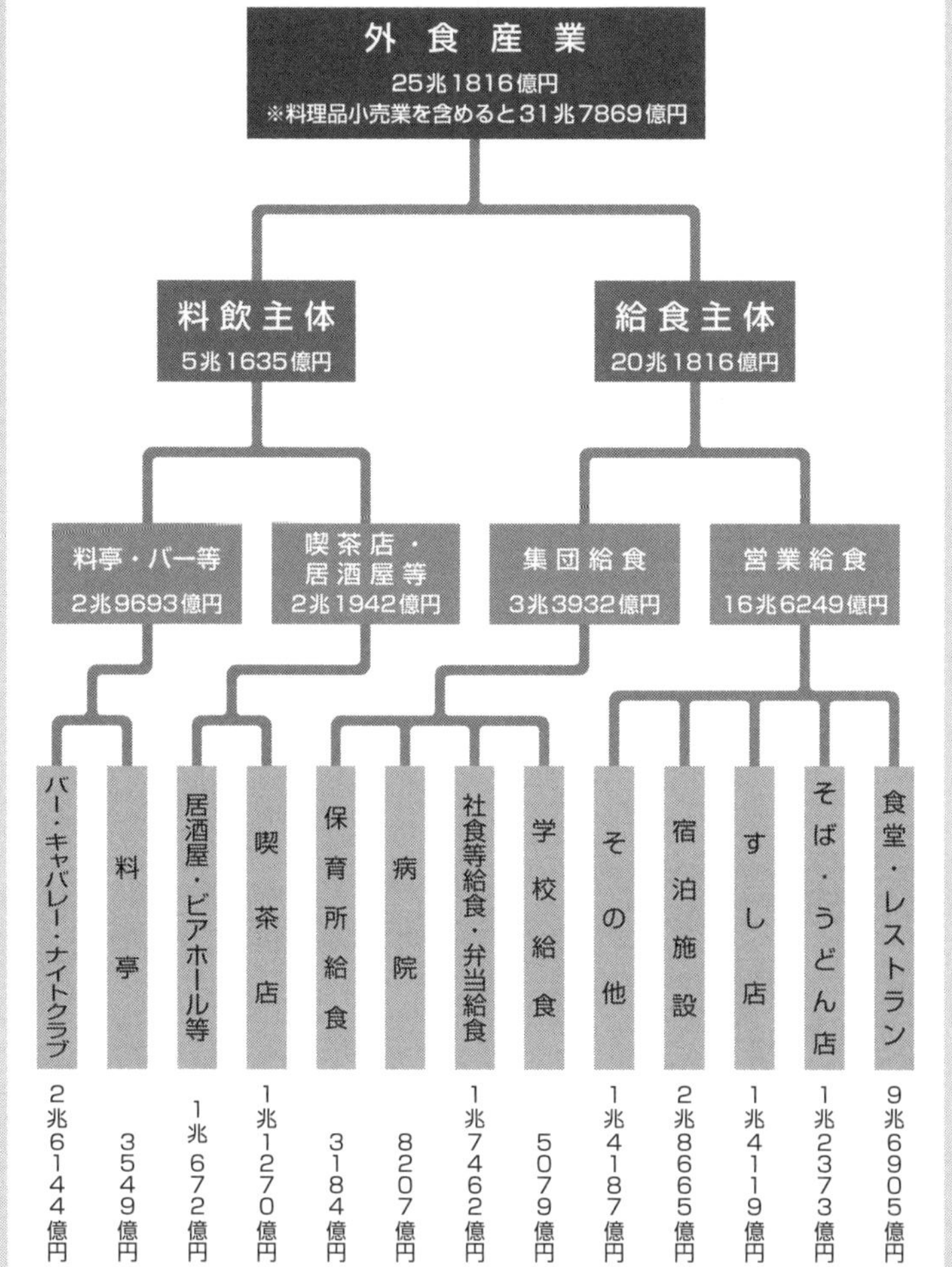

※食の安全・安心財団の付属機関「外食産業総合調査研究所センター」による推計

FILE 06

Part 1★ ますます不都合な事態が招来する日本の近未来社会！

【監視社会】恐るべき個人監視・恐怖支配への道

◎やがて資産税徴収・病歴把握・思想調査・徴兵制につながる天下の悪法！

◆旧民主党と自民党の合作で作った国民を丸裸にする「マイナンバー制度」！

２０１３年５月に安倍政権下の国会で成立したマイナンバー法は、２０１５年10月から個人番号通知カードを配布し、２０１６年１月から、税金（所得税・住民税）、社会保障（年金、健保、雇用）、災害（被災者台帳作成）の分野に限っての「紐《ひも》つけ（運用開始）」が行われるようになりました。

自治体に個人番号の申請を行えば、身分証代わりにもなる写真入りの個人番号カードが交付されるという仕組みです。

これはかつて何度もとん挫した「国民総背番号制度」の導入に他なりません。

政治家自身が、政治献金や裏金まで把握されかねない制度に危惧を抱いたことや、情報漏洩《ろうえい》の懸念などもあって、なかなか陽の目を観なかった制度でした。

しかし、ついに税と社会保障の一体改革という錦《にしき》の御旗《みはた》の下、2012年に旧民主党政権が共通番号制度導入のための法案を提出、しかし、解散で廃案になったため、自民党の安倍政権下で再び民主党ベースでの法案を成立させた――という経緯のあった法律です。

「マイナンバー」などという親しみやすい呼称ですが、これは、多くの問題をはらむ危険な制度であることだけは間違いありません。

◆「紐つけ」が次々に広がっていく懸念！

これまでは、パスポート番号や健康保険被保険者番号、運転免許証番号など、行政機関ごとの縦割りでの個人単独の番号にすぎなかったものが、今後はマイナンバーという共通番号によって、個人情報のすべてを網羅的に「紐つけ」できるようになったというのが、最も恐ろしいところでしょう。

個人情報漏洩による悪用、なりすましといった犯罪懸念だけでなく、すでに改正を経て、開始当初の行政機関のみの利用が、民間の取引にも「紐つけ」されるように決まりました（預金口座は2021年に義務付け）。今後、次々と広範囲な「紐つけ」が行われ、国民の個人情報すべてが丸裸にされる危険があるわけです。

◆本当の目的は国家による国民監視体制の構築！

マイナンバー制度を推進する総務省は、マイナンバーのメリットを次のように説きます。

「国民一人一人がもつ12桁の番号によって、今後、税や年金、雇用保険などの行政手続きに必要だった添付書類が削減され、これらの手続きでの利便性が高まり、行政事務の効率化や、公平な各種給付の確保などが実現されます」

もちろん、これは表向きの建前に他なりません。

すでに、近い将来に向けて、次のような個人情報が、マイナンバーに集約されていくことが、あらゆる識者からの指摘によって懸念されているからです。

※個人特定情報……住所・氏名・生年月日・家族・友人・免許・資格・勤務先

※経歴情報…………賞罰（表彰・前科前歴）、学歴・成績・勤務履歴・趣味など

※資産情報…………預金口座・残高・証券口座・残高・所得・保険・金融資産・不動産資産・納税額・納税履歴・クレジット・信用履歴

※社会保障情報……年金加入受給歴・健康保険加入受給歴・雇用保険歴・失業保険歴・

※医療情報…………生活保護受給歴・障害者年金歴
DNA遺伝情報・病歴・処方薬・処方履歴・入退院履歴
※消費情報…………購買履歴・アクセスサイト・購入図書傾向・嗜好
※思想情報…………支持政党・投票履歴・活動歴・購読雑誌・購読新聞

◆国の税収増加や資産の一部没収など「資産課税」にこそ狙いがある！

政府は、マイナンバー制度導入時には、すでに先進国では、共通番号制が導入されているかのような印象操作を行っていたものですが、アメリカの制度は、社会保障と税に限定したもので、しかも希望選択制であり、州によっては抑制的な運用です。それでも犯罪急増でトラブルを頻出させています。

イギリスは、06年任意加入で共通番号制を導入したものの、政権交代によって10年にプライバシー侵害を理由に既に廃止、ドイツやイタリアは税務識別に限っての共通番号です。預金口座とリンクさせたり、不動産や法人の登記簿情報にまで「紐つけ」していく思惑が見え隠れするのは日本だけなのです。日本の場合、一番懸念されるのは、資産課税に向けた徴税強化に他ならないでしょう。

◆なんでもありの監視社会に！

異次元緩和の出口が見出せなくなった日銀の債務超過の破たん時に、敗戦直後に行った「金融資産課税」の悪夢が思い起こされるのです。

国民の預貯金や不動産資産まで、政府の財政失敗のツケを国民に払わせる腹とも勘繰りたくなるゆえんです。

もちろん、一定の資産のある人には、年金をカットしてくることも考えられます。働かないニートは、自衛隊に送り込むといった徴兵制も出来てしまうでしょう。

中小企業や飲食店では、今後マイナンバー制度による従業員の個人情報保護のためのコストもかかります。情報漏洩には厳しい罰則がつけられていますから、大企業ならともかく、中小零細企業にとっての負担は半端じゃなくなります。

息子夫婦のマイホーム購入資金に、１０００万円援助してやろうと、息子の銀行口座に振り込んだ瞬間に、税務署からは直ちに贈与税額２３１万円を払えと言ってくることでしょう。もちろん法律ですから守らなければいけません。

税務当局にとっては、相続税も所得税も取りっぱぐれがなくなります。

おそらく、そのうち情報漏洩は必ず起こることでしょう。その時こそ、国民総出で怒りの声を上げ、この制度を粉砕するタイミングとすべきなのです。

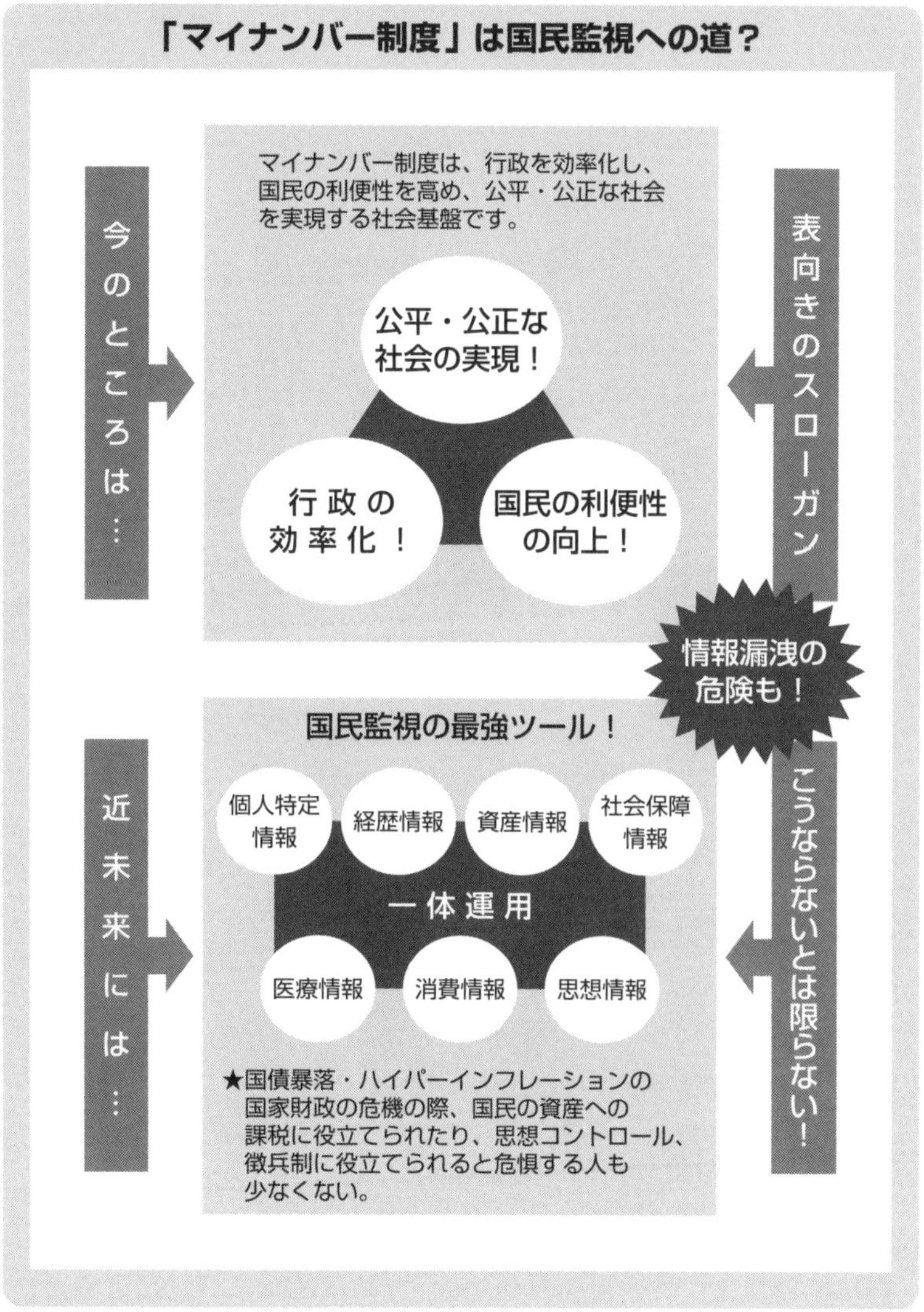
「マイナンバー制度」は国民監視への道？
今のところは…
表向きのスローガン
マイナンバー制度は、行政を効率化し、国民の利便性を高め、公平・公正な社会を実現する社会基盤です。
公平・公正な社会の実現！
行政の効率化！
国民の利便性の向上！
情報漏洩の危険も！
近未来には…
こうならないとは限らない！
国民監視の最強ツール！
個人特定情報
経歴情報
資産情報
社会保障情報
一体運用
医療情報
消費情報
思想情報
★国債暴落・ハイパーインフレーションの国家財政の危機の際、国民の資産への課税に役立てられたり、思想コントロール、徴兵制に役立てられると危惧する人も少なくない。

FILE 07

Part 1★ ますます不都合な事態が招来する日本の近未来社会！

【職業議員】世襲ボンボン議員が政界を跋扈《ばっこ》する！

◎世界から見ても異形な日本民主主義政治の正体

◆日本人は「世襲議員」が大好きな国民性！

日本の国会議員717名（衆院475人・参院242人）のうち、約4人に1人が世襲議員です。衆議院議員だけで見ると、3人に1人が世襲で、自民党に限れば、実に4割もが世襲議員で占められています。石を投げると高確率で当たります。

ここで言う世襲議員の定義は、その議員と配偶者の3親等内に国会議員、地方議員、地方首長がいた場合です。日本は世界でもこの割合が突出して高いのです。

ゆえに、現在の安倍内閣のほぼ半数が世襲議員で占められるのも当然なのです。

この傾向は国会だけではありません。地方議員も世襲だらけだからです。

日本人は、とことん「世襲」が好きな国民性があるということでしょう。

ところで、世襲議員はけしからん——などとは一概に言えません。

なにしろ、立派に選挙というフルイにかけられた「選良」だからです。

ただし、世襲議員は、「地盤（後援団体・支持基盤）」、「看板（地域での知名度）」、「カバン（政治資金が無税で継承できる）」の3バンがあるからこそ、選挙に有利で再選率も高い――とよくいわれます。地元利権も絡むと世襲が望まれるのです。

◆「ザイアンスの法則」が世襲議員の誕生に直結！

たしかに、国民が世襲議員を嫌っていたら、彼らはけっして当選できません。

親や親族の手厚い庇護の下、苦労知らずで世の中に送り出されるボンボンを「不公平」で「差別的」として有権者が嫌う土壌があれば、とうてい世襲議員は存在を許されないからです。何といっても、地元で長年馴染みのある「名前」や「顔」に類似性のある候補に有権者が好んで投票する――というのは、心理学の「ザイアンスの法則」が、世襲議員に有利にはたらく結果だからでしょう。

米国の心理学者ロバート・ザイアンスは、「①人は見知らぬ人には冷淡で批判的、攻撃的に対処する。②人は会えば会うほど好意をもつ（単純接触効果）。③人は相手の人間的側面を知った時に好意をもつ。」という3原則を掲げました。

有権者は全然知らない人よりも、何となく馴染みを感じる人に投票するのです。

◆若くして世襲すれば党内出世も早く「大臣ポスト」も手に入れやすい！

いったん議席を手にした人間は、自分の引退と引き換えに、政治的な資質があろうが・なかろうが、自分の息子や娘に、議席を踏襲させたくなるものです。

なぜか——といえば、長年自分が耕やしてきた選挙区は、自分の私有財産と思えるだけでなく、議員というオイシイ報酬と権力がセットになった職業は、他にはそうそうないからです。どこの馬の骨ともわからぬ赤の他人に、自分の財産を渡したくはないのです。

それに、世襲で若くして当選し、その回数を重ねるほどに党内序列も上がっていく政界では、与党の国会議員なら、大臣などの政府のオイシイ役職にも早くありつけて、いつの間にか大物議員と仰がれる存在にもなりやすいからです。戦後の歴代総理が、世襲だらけになるゆえんでもあるのです。

◆「身を切る改革」は苦手で「お手盛り報酬アップとポスト拡充」が大好き！

国会議員になると、年間の報酬額だけでも、ざっと5000万円は下りません。参議院議員ならば仕事もヒマな上に、6年間で3億円が稼げるという構図も成り立つのです。秘書の給与（3人分2400万円）からも、政党支部・団体経由への合法的な強制寄付で3人分のピンハネを行えば、もっと懐は潤います。

ちなみに国会議員の報酬額は、御用マスコミが気を遣い、給与相当の歳費分の約1561万円分としていたり、ボーナス相当の期末手当（年間650万円）を加えた2200万円の報酬――などと紹介しますが、実際には他の高額報酬も、もっともらしい名目の手当で支給されています。国民に高額報酬のボッタクリがバレないように、マスコミも日頃から忖度報道しているだけの話なのです。

★歳費（期末手当含む）……………………………年間2211万円
★文書通信交通滞在費（非課税で何にでも使える）…………年間1200万円
★立法事務費（法案はまったく作らなくても会派で受給）…年間780万円
★政党交付金のおこぼれ（政党が一部を議員に分配）………年間約1000万円

所属する政党によって多少の差異はあっても、ざっと5000万円は下らないのです。その他にも議員会館の事務所費や水道光熱費・電話代がタダ、都心の一等地の議員宿舎が激安、JRグリーン車乗り放題、月4回分の地元往復航空券タダ、新規は廃止されたものの一部がまだ続く高額年金……など手厚い待遇が保障されています。

◆お手盛りで政治任用・政府ポストを一気に大幅に増やしていた！

ざっと国会議員1人あたりには、直接コストだけで1億円もの税金がかかります。それにもかかわらず、政治献金という名のワイロで政策は曲げられ、選挙時の公約は反故にされ、ヤクザも顔負けの脅しや口利き利益誘導に邁進する実態です。また、政治任用ポストもたんまり作ったので、首相になれば、ハッタリポストの配分で（報酬は歳費1561万円を控除）、政権与党内では「一強支配」も可能になります。

★内閣総理大臣（1名）……年間3998万円（俸給・地域・期末手当含む）
★国務大臣（19名）………年間2916万円（同・人事院総裁と同額）
★副大臣（25名）・内閣官房副長官（3名）……年間2797万円（同・宮内庁長官と同）
★大臣政務官（27名）……年間2385万円（同・侍従長と同額）
★首相補佐官（5名のうち政3名）……年間2337万円（同・国家公安委員と同）

安倍内閣では、他に14年から大臣補佐官（年間2337万円）まで設けました。

国の財政は赤字でも、ポスト拡充のお手盛り法案のなれの果てがこれなのです。

国会議員はこんなに儲かる！

国会議員の報酬及び収入（年間）

国からの現金収入		歳　　費	1561万円
		期　末　手　当	635万円
		文書通信交通滞在費	1200万円
		立　法　事　務　費	780万円
	党経由	政党交付金（分け前）	最低でも1000万円
その他の収入		政治献金（団体・個人）	
		企業の役員報酬	
		講演料・原稿料・出版印税など	
		不動産収入・株などの配当金	
その他の現物支給		議員会館事務所家賃・電話・水道光熱費 ➡ 無料	
		赤坂など都心一等地の議員宿舎家賃 ➡ 激安（赤坂3LDK 82㎡がたったの8.4万円）	
		海外視察旅行代（個別支給）	
		ＪＲ全線グリーン車乗り放題パス・その他私鉄など	
		地元との航空券往復チケット（月４回分支給）	
		議員年金（新規は廃止・勤続10年の最低水準でも月額29万円から生涯支給）	
スタッフ給与		公設秘書（第1・第2）2名＋政策秘書１名 3人分で年間2400万円 ⬅ 陳情処理（口利き）と、議員の当選活動（地元向け）がメイン	

最低でもこの額

年間約5000万円超

国民１人当たり250円分の税金で、年間約320億円。議員１人当たり年間4400万円に相当。1995年の導入に際して企業団体献金をやめるはずだったのに、いまだにやめていない。

戦後、世襲で国会議員→首相になった人

首相名	在任期間
宮澤喜一	1991. 11 ～1993. 8
細川護熙	1993. 8 ～1994. 4
羽田　孜	1994. 4 ～1994. 6
橋本龍太郎	1996. 1 ～1998. 7
小渕恵三	1998. 7 ～2000. 4
森　喜朗	2000. 4 ～2001. 4
小泉純一郎	2001. 4 ～2006. 9
安倍晋三	2006. 9 ～07.9／2012.12～
福田康夫	2007. 9 ～2008. 9
麻生太郎	2008. 9 ～2009. 9
鳩山由紀夫	2009. 9 ～2010. 6

世襲の人が当選に有利な理由

- **地盤** ⬅ 地元の後援会、支持団体
- **看板** ⬅ 親や親族の知名度
- **カバン** ⬅ 親や親族の政治資金管理団体

これらをそのまま受け継げるので有利になる。本来残った政治資金は国庫に返納されるべきだが、無税で受け継がれる。

FILE 08

【痴呆《ちほう》議員】「怠け者の楽園」と化している呆れた実態！

◎膨大な人数にのぼる地方議員数と巨額報酬の異常な姿！

◆ラクチンなパート仕事なのに超高額報酬の地方議員！

２０１６年10月時点で、日本には47都道府県、19指定市、７７２市、23東京特別区、７４４町、１８３村で、合計１７８８の地方自治体があります。

議員定数から、都道府県議員が２６４１人、市区議員が1万９５５６人、町村議員が1万１３３２人いることになるので、地方自治体の議員総数は、３万３５２９人になります。ちなみに１９８０年代には、地方議員総数は7万人近くいましたから、市町村合併などを経て、これでも相当減っているわけです。

自治体の人口規模にもよりますが、地方議員の報酬は悪くありません。

年間報酬総額は約３３５０億円で、一人当たり頭数平均で約１０００万円です。

ただし、都道府県議は年間約２０００万円、市議会議員は年間約８５０万円、町村議員は450万円といったところが平均になります（政務活動費含む）。

議会に行くのは、都道府県議で80日程度、市議で70日程度、町村で40日程度で、しかも所要は1時間以内がほとんどですから、時給に換算すると、おいしくて笑いが止まらない「税金食いつぶしのシロアリ・ポスト」です。日当（費用弁償）がさらに1万円出る議会もあります。議員報酬の額は、自分たちのお手盛りで、条例を改定し増やしてきたのが実態で、「地方議員」ならぬ「痴呆議員」の集まりなのです。

驚くべきは、2011年まで、掛け金では足りず、税金投入された年金制度までありました（新規は廃止、受給資格者は継続中）。

◆世界の常識では地方議員はボランティア！

諸外国では、こんな事例は見当たりません。

外国の地方議員は「名誉職」で、地方議会も夜に開かれたりするので、勤め人が昼間の仕事を終えてから、ボランティアで議会に参加します。

議員定数も3～5人ですから、自治体の議会担当スタッフもごくわずかです。

報酬も無報酬で、交通費の実費支給とか、出席の日当制だったりします。

したがって、年間30万円にもならない事例がほとんどです。

米国の場合でも、年間を通して働く専門議員が大都市に存在しますが、人口100万人のホノルル市で定数9人、報酬は5万2000ドル（1ドル110円換算で572万円）です。日本の議会は「会期制」を取りますが、専門職議員の場合は「通期制」ですから、1年中活動しています。

日本では、年間たったの70日程度の議会が、1時間ほど開かれるだけなのに、人口125万人の「さいたま市」は定数60議席もあって、報酬1721万円です（歳費月額80.7万円・期末手当345万円、政務活動費月額34万円）。

◆壮大なる税金の無駄とヒマを持て余している痴呆議員！

地方議員は、ヒマを持て余しています。代々の家業に勤しむ議員もいますが、たいていは別名「ウラ給与」と呼ばれる政務活動費をどうやって懐に入れるかの算段をしていたり（領収書の改竄・偽造）、口利きで利権誘導して分け前に与ろうと、虎視眈々と地元の業者に取り入ったりするのに忙しいぐらいです。

あとは、国政選挙や首長選挙の時に選挙事務所に馳せ参じ、裏金をもらって支援活動と称する雑用に従事するぐらいでしょう。とにかくヒマなので、不倫や淫行をしたり、薬物に手を出したり、飲酒運転で捕まり、議員辞職する例などが後を絶ちません。

直接選挙で選ばれた自治体の首長の行政をチェックする「二元代表制」が機能するわけもなく、議員立法などは3％にも満たず、首長提案の条例案が95％以上も修正なしに可決されているのが実情です。議員は、議会で何を質問すればよいかもわからずに、自治体職員におんぶに抱っこで頼り、驚くべきことに、年会費9万7200円を払って「らくらく質問会員」というのになれば、定例会4回分の議会質問のサンプルまで作ってくれる『「そのまま質問文」をお届け！』なるサービスまであり、利用する地方議員までが存在していたのです（「怠け者の楽園」として2015年4月3日付産経新聞に詳報記事あり）。税金丸抱えでの海外視察旅行と称する慰安旅行のレポートは、ネットのコピペですまし、議会や宴会ではセクハラ騒動を起こして話題になるぐらいが、今日の地方議員の実態となっているわけです。

◆行政と癒着した「一体構造」が地方議会と議員の正体！

結局、「二元代表制」どころか、首長を含む自治体職員と地方議員は、懇ろな癒着関係で、共存共栄を図るだけの「一体構造」を形成してきたのです。

もちろん、御用マスメディアの記者クラブも同じ穴のムジナなのです。

こんな状況を招いたのには、有権者の地方自治への関心の薄さも起因しています。

自治体の首長ならともかく、個々の議員の場合、議員の数も多く、日頃誰がどんな活動をしているのやら、有権者側からはほとんど見えない状況が挙げられます。

不祥事でも起こさない限り、メディアに取り上げられる機会もないのです。

個々の議員はホームページを開いていることも多いですが、それも地域で特別な問題でも生じていない限り、わざわざ個別の議員のページを探して見る有権者もいないのです。地元の通勤客向けに駅頭に立ち、政策をアピールする地方議員の姿もたまに見かけますが、忙しい朝夕に足を止めて聞き入る人もいないのです。

◆自浄能力欠如の地方議会は税金食い潰しの絶望的状況！

日本の公職選挙法では、選挙の事前運動となるような行為を厳しく禁じていますから、選挙期間中でもない限り、具体的な政策を口頭でアピールしたり、チラシを配ったりすることにも限界があるのです。

諸外国のように、政治活動と選挙活動の区別をなくし、投票日を設定しておくだけにすれば、地方議員も日頃から自由に有権者に自分の活動や政策をアピールできます。

毎日が政治活動と選挙活動になれば、怠慢は許されなくなるでしょう。

しかし、もはや自浄能力の欠如した地方議員には、何をか言わんやなのです。

パート仕事でもこんなにもらえる地方議員！

※地方議員も世襲が多い！
議会スタッフ（自治体職員）の人件費も膨大。
東京都議会は議員数より多い。

このほかにも費用弁償（日当）が1回1万円だと、年間70回議会に顔を出すだけで、70万円の収入になる。（廃止された議会もある）

		人口／定数	歳費 給与	期末手当 ボーナス	政務活動費 別名「裏給与」	年間収入
主な都道府県議会議員	東京都議	1330万人／127議席	1226万円（月額102.2万円）	434万円	720万円（月額60万円）	2380万円
	神奈川県議	909万人／107議席	1164万円（月額 97.0万円）	459万円	636万円（月額53万円）	2259万円
	埼玉県議	723万人／94議席	1112万円（月額 92.7万円）	417万円	600万円（月額50万円）	2129万円
	大阪府議	885万人／109議席	1116万円（月額 93.0万円）	395万円	708万円（月額59万円）	2219万円
	北海道議	541万人／104議席	1080万円（月額 90.0万円）	385万円	576万円（月額48万円）	2041万円
	山形県議	113万人／44議席	895万円（月額 74.6万円）	246万円	336万円（月額28万円）	1477万円

2006年に月額報酬を県議で全国最低ラインに引き下げた。

		人口／定数	歳費 給与	期末手当 ボーナス	政務活動費 別名「裏給与」	年間収入
主な市町村議会議員	大阪市議	268万人／86議席	1164万円（月額 97.0万円）	440万円	600万円（月額50万円）	2204万円
	横浜市議	371万人／86議席	1143万円（月額 95.3万円）	381万円	660万円（月額55万円）	2184万円
	福岡市議	151万人／62議席	1056万円（月額 88.0万円）	427万円	420万円（月額35万円）	1903万円
	札幌市議	194万人／68議席	1032万円（月額 86.0万円）	367万円	480万円（月額40万円）	1879万円
	さいたま市議	125万人／60議席	968万円（月額 80.7万円）	345万円	408万円（月額34万円）	1721万円
	名古屋市議	227万人／75議席	1188万円（月額 99.0万円）	445万円	600万円（月額50万円）	2233万円
	東京都品川区議	37万人／40議席	732万円（月額 61.0万円）	308万円	216万円（月額18万円）	1256万円
	東京都青ヶ島村議	170人／6議席	120万円（月額 10.0万円）	29万円	0円	149万円

東京から南へ358kmの離島で、日本一人口の少ない自治体。満天の星空の美しさが有名な島で、議員定数は6人だが13票で当選したこともある。

※2017年1月時点の議席。

政務活動費 ➡ 2012年の地方自治法改正で「政務調査費」が改称され使途が拡大された。使い道は調査研究費、人件費、交通費、研修費、事務所費、広報費などが名目。領収書が必要な議会もあるが、しょせんは「裏給与」「生活費」にすぎない。

FILE 09

【政治とカネ】見返りのない政治献金を出す人っている？

◎「政党交付金」と「企業・団体献金」の二重取りを禁止すべし！

◆国民の1票の価値すらコケにする「政治献金＝合法ワイロ」とは？

日本の政界では、つねに「政治とカネ」の問題が浮上します。

とりわけ、国会の与党政治家の懐には、税金が原資の高額議員報酬や政治任用での政府ポストの報酬に加え、「政党交付金のおこぼれ」や、民間からの合法的なワイロといわれる「政治献金」が入る仕組みだからです（２０１５年度の自民党への政党交付金は約１７１億円。また、企業献金の９割が自民党で15年度は約23億円）。

つまり、「カネ・カネ・カネ」のモチベーションだけが、強く刺激されるオイシイ構造が附随しているわけです。どうせ金を稼ぐなら、任期中に少しでも多く――という議員一人一人の欲望喚起システムが与党政治の正体と言ってよいのです。

ちなみに、政治献金には、個人がカンパする形で行う「個人献金」と、企業や団体が寄付を行う「企業・団体献金」の2通りがあります。

いずれも、建前としては政治家個人に直接献金を行う形は禁じられており、政治団体（資金管理団体および後援会）への個人献金か、もしくは政党への企業・団体献金が一定の枠内で認められるものになります（個人は政党などに最高総額2000万円、政治家の資金管理団体へは最高総額1000万円。企業や団体は、規模や資本金に応じて年間750万円から1億円を上限に献金できる）。

◆政治資金規正法は昔からザル法として政治家に寄与！

しかしながら、政治家が支部長を務める政党支部に献金することも、個人献金だけでなく企業・団体献金までも認められていますから、実際には政治家に直接、企業・団体献金を渡すこともでき、政治資金規正法は、ここからしてただのザル法になっています。

わかりにくい形をワザととって見せていますが、企業や団体からも特定の政治家に金が流れ込む構図は別段禁じられていないも同然なのです。

ところで、いうまでもないことですが、企業・団体献金は限りなく「賄賂」の性格を帯びたものです。

見返りが得られないのに、政治献金するのなら、上場企業の場合、株主代表訴訟で訴えられかねない性格でもあるからです。ここからして、もはや大矛盾です。

もっとも、個人の自由意思で行う個人献金こそが政治活動の一環としては、望ましいとも言われますが、これも企業が役員個人に偽装させて献金することも可能ですし、個人のタニマチが、政治家に何らかの口利きを依頼する場合の温床になるなど、ろくでもないケースも少なくない――という指摘もあるのです。

とまれ、政治献金などは、「個人」も「企業・団体」も一切禁止してしまえば、透明な政治に近づけるのです。

◆「企業・団体献金」の存在は、参政権のない企業が政治を動かす！

そもそも、１９８８年の大規模収賄疑獄のリクルート事件などの反省を踏まえ、１９９５年の小選挙区制導入と同時に始まった「政党交付金制度（助成金制度ともいう）」は、赤ちゃんからお年寄りまで一人当たり２５０円相当の税金を、政党としての要件を備えた政党に配るというものです（年間約３２０億円）。

政治とカネの歪んだ関係を正そうとして生まれた制度でした。

この制度の導入時の条件には、「企業・団体（労組など）」からの政治献金をやめることと引き換えにする――という約束がありました。

にもかかわらず、そちらはずっと反故にされてきたのです。

前述した通り、政治家個人への企業・団体からの政治献金だけは名目上禁じて、「政党」や「政党支部」には当面許されるという欺瞞的構図が、結局のところ政治家個人が代表の政党支部にも金が流れ込む――という現在の状況を招いているのです。

つまり、政治家個人が、特定企業と癒着する構造は野放しなのです。

◆企業・団体献金は「賄賂」という認識が重要！

企業や団体などの政治献金は、れっきとした「賄賂」にすぎないものです。

国から補助金を受けている企業や団体からの献金が問題になるのも、税金の還流に他ならないからです。2015年には、公的資金注入を受けたメガバンク3行が、18年ぶりに2000万円ずつの計6000万円の献金を復活させ、自民党に対する融資金の棒引きへの布石と批判されています。いずれにしろ、こうした企業や団体は、参政権をもたないのに政治を恣意的に動かそうとするのです。

◆政治資金パーティでもたんまり稼ぐ！

政治資金パーティでの金集めも、大規模化して　常軌を逸しています。

２００１年に閣議決定された「大臣規範」では、大規模な政治資金パーティは自粛すると申し合わせたのに、自民党の総裁である安倍首相自らが、２０１５年にはＡＮＡインターコンチネンタルホテル東京で、「朝食会」と称する大規模パーティを３回実施し、計６７４０万円を集め、ホテル代を引いて約６１５０万円の純益を上げています。その他の閣僚も五十歩百歩になるゆえんです。

政治に金がかかるというのは大ウソで、多くは自分の就職活動（選挙活動）のためや、高級割烹や高級レストラン、クラブでの豪遊が「会議飲食費」や「渉外費」などの名目で政治資金報告書に並ぶだけです。

オイシイ議席を失いたくないあまりに、無茶苦茶に金を使い、欲ボケしていきます。そのために金に窮し、利権の分配や口利きで、ますます危ない橋をわたり、政治不信を募らせます。

金の力で、政治が動かされるのは、米国の例を見てもすでに明らかです。

あちこちで銃の乱射事件がひんぱんに起こっても、いっこうに銃規制がすすまないのは、全米ライフル協会の政治献金とロビー活動に支えられているからです。

政治家に流れ込んでくるカネ！

2015年各党の収入総額と内訳

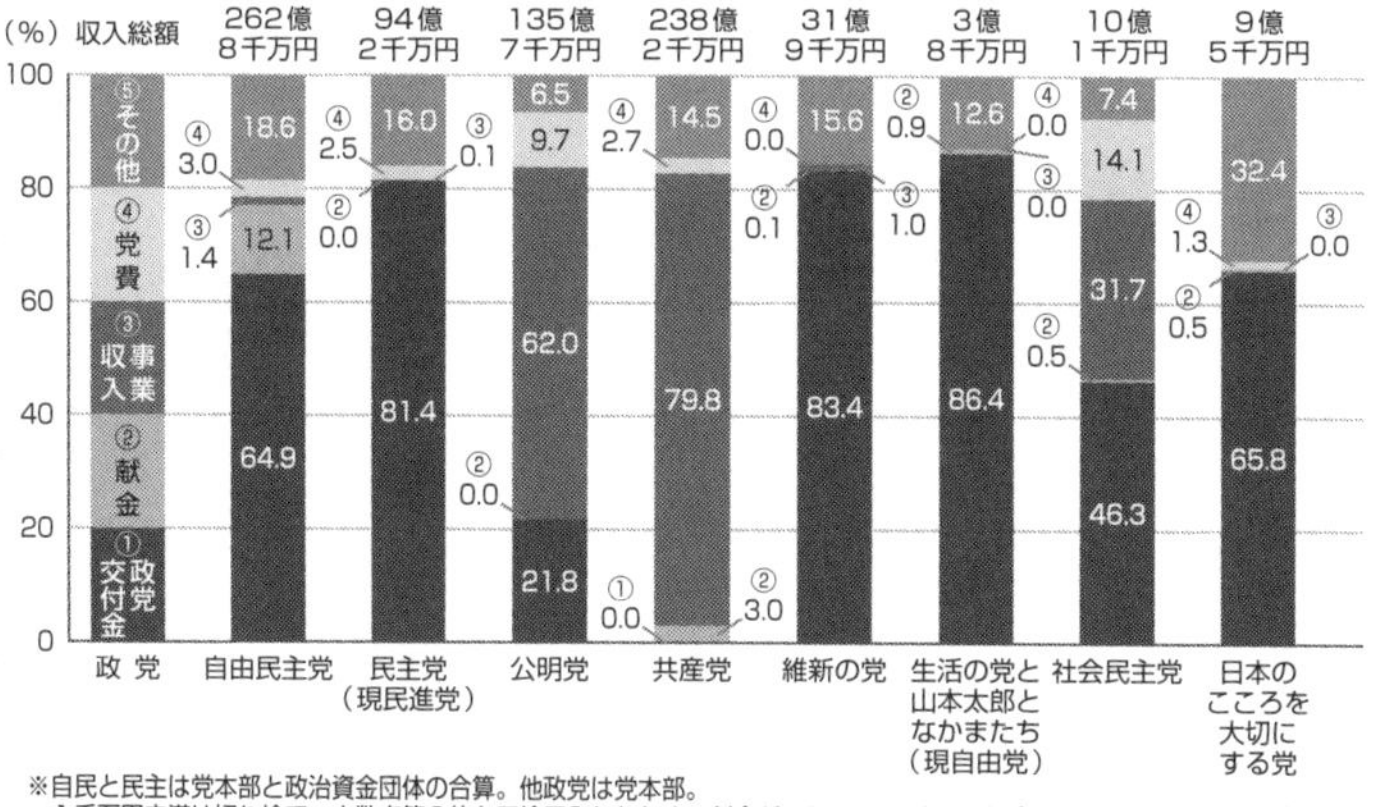

※自民と民主は党本部と政治資金団体の合算。他政党は党本部。
1千万円未満は切り捨て。小数点第2位を四捨五入したため、割合が100％にならない場合がある。日本共産党は「政党交付金は税金の山分けで憲法19条の“思想信条の自由”に違反する」として受け取っておらず、この分が他党に回っている。

政党交付金支給額の推移

（億円：端数切り捨て）

政党	2006	2007	2008	2009	2010	2011	2012	2013	2014	2015	2016
自由民主党	168.4	165.9	158.4	139.8	102.6	101.1	101.5	145.5	157.8	170.5	172.2
民主党（2016年から民進党）	104.7	110.6	118.7	136.6	171.0	168.2	165.4	85.3	66.9	76.6	97.4
公明党	28.5	28.0	27.3	26.1	23.4	22.7	22.7	25.5	26.0	29.5	29.7
日本維新の会								27.1	32.9		
結いの党									3.4		4.8
維新の党										26.6	
次世代の党										5.6	
みんなの党				1.1	6.7	11.1	11.1	17.8	20.1		
生活の党								8.1	7.4	3.3	
社会民主党	10.6	9.6	9.0	8.9	8.2	7.6	7.6	5.4	4.2	4.7	4.7
国民新党	2.6	3.2	3.8	4.1	3.9	3.9	4.4	2.4			
みどりの風								1.3			
新党改革				0.7	1.1	1.1	1.1	1.2	1.0	1.4	1.0
新党きづな							2.7				
新党日本	1.6	1.7	2.0	1.8	1.3	1.3	1.3				
新党大地							1.1				
たちあがれ日本					0.8	1.9	1.7				
太陽の党										0.9	
日本を元気にする会										1.1	
おおさか維新の会											4.8
生活の党と山本太郎となかまたち											3.3
日本のこころを大切にする党											5.6

※政党交付金目当てに年内中に政党が離合集散したり、無理やり５人以上集まり政党要件を満たそうとする見苦しい情景が繰り返される。

FILE 10

【老後破産】現役サラリーマンの9割が貧困老後になる!?

◎人口バランスの歪み（少子高齢化の放置）で悲惨な未来がやってくる！

◆昔の「老後」はとても短かった！

少子高齢化の問題がマスコミで顕著に取り上げられるようになったのは、今から30年近く前の、バブルが崩壊した１９９０年代に入ってからです。しかし、日本の出生率が減少傾向を帯び始めたのは、実は戦前の20年代からという長期的データがあります。

明治維新以降の工業化の過程で、日本では人口が急速に増える「人口爆発」を経験し、政府も対外拡張政策で多産化を奨励してきましたが、やがて26年にはじめて合計特殊出生率（1人の女性が生涯に産む子供の数）が5を割り込み、49年に4を、52年に3を、74年に人口置換水準（その時点の人口を維持するために必要とされる合計特殊出生率）である２・０７を割り込み２・０５となり、以降はずっと2を割り込んだまま、０５

年に過去最低の1・26を記録したのち、2016年の1・45まで推移しています。2016年は、出生数も初めて100万人を割り込み、98万人となりました（死亡数は129万人）。

多産時代の考え方では、親が働けなくなった老後に助けてもらうべく子供を産むというより、農業に従事する家庭が多かったため、労働力確保の意味合いが強く、乳幼児の死亡率が高かったため――とも言われています。なにしろ、1950年の平均寿命は女性が62歳、男性が58歳なので、働けなくなる「老後」という期間も短かく、そもそも老後の心配をする必要がなかった時代とも言えます。

◆「長生き」が「貧困老後地獄」に直結する時代

ところが、2016年の平均寿命は女性87歳、男性81歳と大幅に伸びています。2060年には女性は91歳、男性は84歳になると推計されています。

うち、半数が元気でいられる健康寿命も女性は74歳、男性は71歳です。半数の健康が維持できなくなる平均年数は、女性が約13年、男性が10年です。

しかし、この平均寿命はあくまで平均値であり、90歳時点でも女性の48%、男性の24%は生きており、95歳時点でも女性の24%、男性の9%は生きています（15年簡易生命表による生存率）。40兆円の医療費のうち65歳以上が半分を占める現状もうなずけるでしょう。このまま少子高齢化が進行すると、65歳以上高齢者の医療費はさらに拡大し続けますから、２０２５年には約50兆円に達します（現在の国家予算の約50％）。

日本は２０１３年に、総人口に占める65歳以上高齢者数が25％を突破し、国民の４人に１人が高齢者という超高齢化社会になりました。現役時代のようには働けない老後期間が異常に長くなり、今日さまざまな課題が突きつけられます。

◆社会保障のすべてがパンクする！

先進国のなかには人口置換水準を割り込む国が増えていますが、なぜ少子化になったのかという原因については明確にされていません。さまざまな原因説がありますが、日本では子供を産んでも保育園に預けられない、出産すると女性の職業キャリアが断絶される、グローバル化による貧困化で経済的ゆとりがないなど、経済的な影響が大きい——という指摘がなされています。

そして少子高齢化は、将来の日本に重大な危機をもたらします。

年金・医療・福祉といった社会保障費増大の問題です。

たとえば、おなじみの年金問題では、２０００年に現役世代３・６人で１人の高齢者を支える形だった賦課《ふか》方式（現役世代の年金保険料を高齢者世代へ仕送りする形式）における年金負担比率が、25年には現役世代1・8人で1人の高齢者を支える形となり、50年には現役世代1・2人で1人の高齢者を支える形になると推計されています。これでは、とても支えられません。

年金積立金（過去の年金財政の余剰分）は、2015年半ばに135兆円ありましたが、今後毎年10兆円近い取り崩しを続けると、28年頃には枯渇《こかつ》します。

保険料の不足分を税金投入しようにも、予算の捻出は困難なので不可能でしょう。

今後、マクロスライド方式で年金受給額は徐々に減らされていく予定ですが、現行で65歳からという受給開始年齢も、70歳や73歳くらいに後ろ倒しするか、現行水準より大幅に減額するしかなくなる――可能性が高いのです。

生活保護に頼ろうとしても、預金や持ち家（現在、高齢者の持ち家率は6割）があると、それを費消してからでないと生活保護の受給対象にもなりません。

生活保護支給総額も国家予算の約3％（16年度は過去最高の2・9兆円、164万世帯215万人）にまで及んだために、すでに減額措置が講じられています。そのうえ、日本の財政は1000兆円を超える借金まで抱えています。

現役世代の医療費自己負担額も現行の3割負担から4割、5割負担にアップする他なく、このままでは、年金も医療も福祉もすべてがパンクするわけです。

◆現状よりも厳しい「貧困老後生活」がやってくる！

すでに、現在の高齢者無職世帯（夫65歳以上・妻60歳以上）の半数に当たる600万世帯が、年金を含めた世帯収入が200万円に満たない生活保護基準以下の貧困老後生活を送っています。取り崩す貯蓄もないのでこうなります。

高齢になっても貯蓄がないのは、生涯収入と生涯支出がほぼギリギリだからです。子供1人を育てるのがやっとで、夫婦の老後資金までは貯められない時代です。

人口バランスが崩れた国で、社会保障を維持するためには、あらゆる無駄の削減が必要でしょう。

ろくに法人税も払っていない輸出大企業の減税をやめれば、2兆3000億円、国と地方の公務員の給与を10％カットすれば2兆5000億円、所得税の累進強化による増税で2兆円、宗教法人課税で1兆円、放送電波利用料のオークション制導入で1兆円、地方議員の数を減らし、ボランティア報酬にすれば3000億円……これだけで9兆円（消費税3～4％相当）ぐらいの財源は捻出できるはずですが、これはもう到底叶わない夢物語なのです。

「長生き」が「生き地獄」に直結する時代に！

各年齢別の平均余命

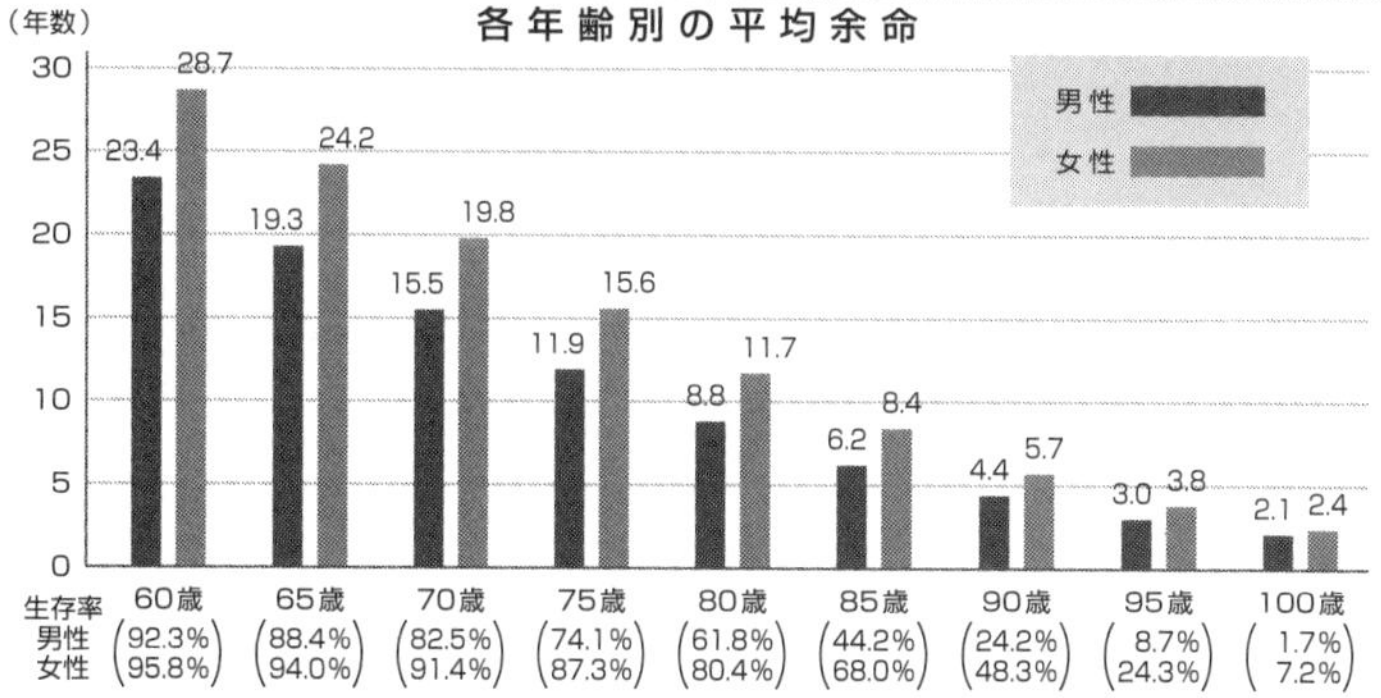

※生存率（%）は、各年齢時点での出生者の生存している割合です。なお、生存率が50%になる「寿命中位」は男性83.49歳、女性89.69歳なので、平均寿命（男80.50歳・女86.83歳）よりも3年ほど上になります。

※資料：2014年簡易生命表：厚労省

全労働者の平均年収推移

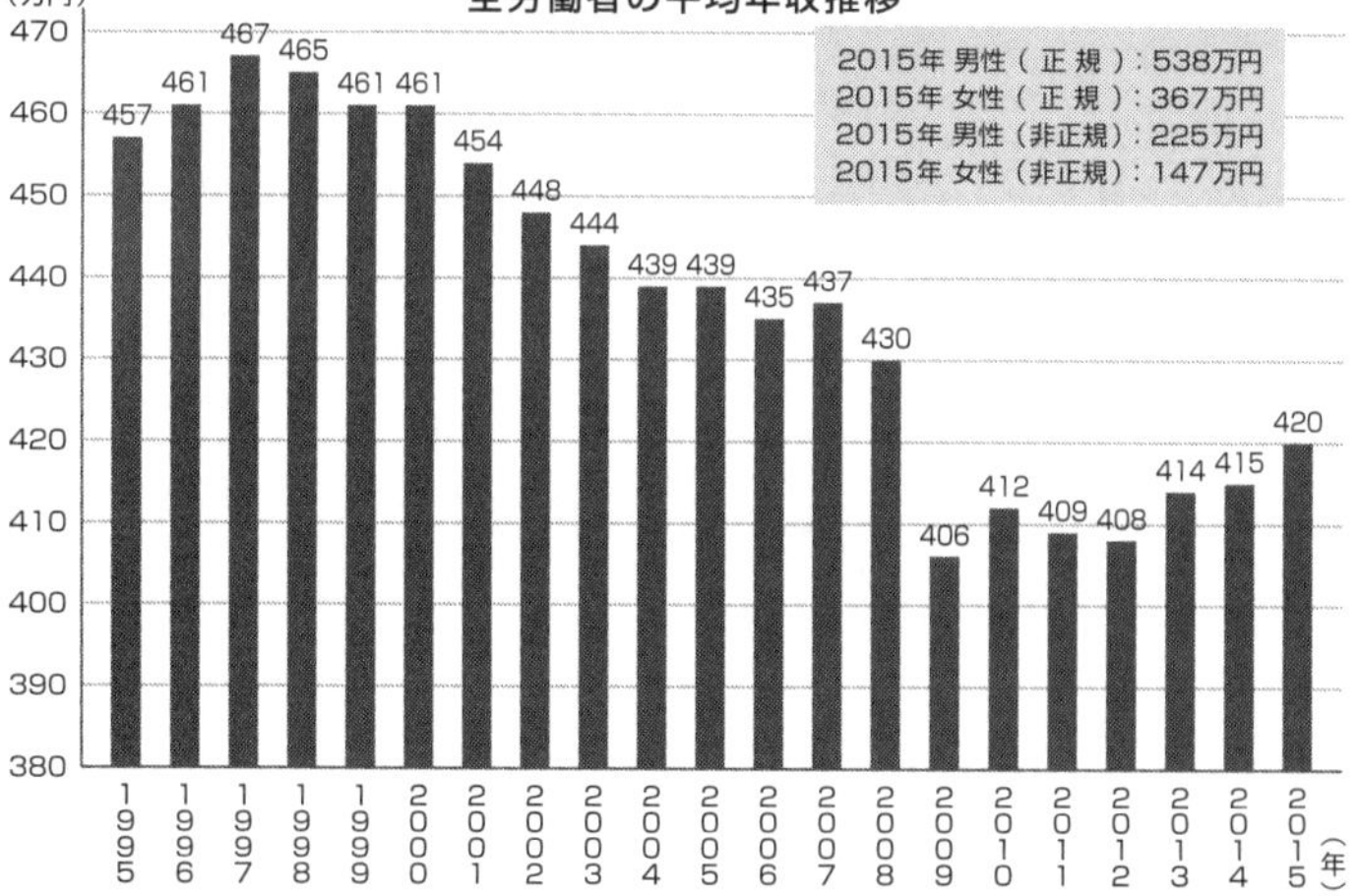

※大学卒の定年退職者の退職金平均給付額は1997年のピーク時の2868万円から2012年の平均給付額1,941万円へと1000万円近くも減りました（厚労省データ）。また、全労働者の平均年収も1997年のピーク時より47万円も減り、2015年には420万円となりました。大卒男性の退職金を除く生涯賃金は、ピーク時の1993年の3億2410万円が、2012年時点で2億5000万円にまで減っています。

※資料：民間給与実態統計調査：国税庁

FILE 11

【ローン破産】マイホーム購入は狂気の沙汰!

◎死ぬまで働き続ける前提の「人生の壮大な損失」

◆「マイホーム購入」の勘違いが35年後の悲劇につながる!

物価上昇(インフレ)と人口増加がもたらされた1950〜1970年代ならいざ知らず、これから住宅ローンを組んでマイホームを買おうという人は、やめるべきです。

価値が上がっていくものへ、借金をして「今のうちに購入する」という選択肢は経済合理性に適っていますが、価値が下がっていくものへ、いくら金利が低いからと言って、借金してまで大金をつぎ込むのは、壮大な損害を被ることになるだけだからです。人口減少時代のマイホーム購入は狂気の沙汰なのです。

住宅ローンで、マイホームを購入する人の理由は次のようなものでしょう。

①将来、持ち家は、家族の大事な「資産」になる。
②貸家では、家賃を永久に払い続けるだけで、一生涯自分のモノにはならない。
③住宅ローンの金利はかつてなく低く、今は融資を受ける絶好のチャンス。
④住宅ローンを払い終えれば、住居費がかからなくなり、老後家計が楽になる。
⑤高齢者になると死期が近いため物件が借りにくくなるが持ち家があれば安心。
⑥主が死亡した時、ローン残債はチャラになるため、自宅は相続財産になる。

◆「マイホーム購入」はデメリットだらけ！

しかし、実際は、次のようにデメリットだらけです。

①収入が減るとローン返済に窮し、ローン返済が滞って家を失う危険性が高い。
②ローンの途中で家を処分する際、ローンの残債のほうが大きいケースが多い。
③マイホームは、築年数とともに価値が減じるキャピタルロスの塊にすぎない。
④勤務先が遠方に変更になっても、自宅は動かせない（賃貸に出す他ない）。
⑤数十年後にローン返済が終わった頃、マイホームの市場価値は激減している。

◆資産形成のつもりが、「人生の壮大な損失」になるだけ!

このように、マイホーム購入のメリットと思われることは、裏を返せば、ほとんどがデメリットです。

団体信用生命保険で、一家の主が、ローンの返済途中で亡くなった時に、住宅ローンの残債がチャラになるぐらいが、一番大きなメリットのようにも見えますが、これをメリットと呼ぶのも変な話です。一家の大黒柱の死亡と、住宅資産の獲得とを天秤にかけるというのは、ありえない想定だからです。

どれぐらい大損するかをシミュレーションで見ておきましょう。

まずは、損害額が大きくなると予想される、木造一戸建て住宅の場合からです。

東京23区郊外に、20坪の小さな敷地に建つ新築住宅を4200万円(諸経費込)で購入したとします。頭金を500万円、住宅ローンを3700万円(元利均等35年固定1.35%・ボーナス払いなし・毎月返済額11万589円・総返済額4645万円)で組んだ場合です。土地価格50%(2100万円)と建物価格50%(2100万円)の評価として、35年後の価値はどうなるか。

ちなみに、35年間を要しての総取得額は、当初の頭金500万円と35年間の総支払額が4645万円なので、総合計は5145万円になります(税金は除外)。木造一戸建ての場合、建物価格2100万円は、築35年でゼロ価格になります。すると残りは、当初の土地価格2100万円が、どれぐらい値下がりしたかということが大きなポイントです。土地は35年後に3割値下がりで1470万円の土地市場価格、5割値下がりで1050万円の土地市場価格です。

総取得額5145万円から1470万円と1050万円を差し引くと、35年間での損失金額は3675万円と4095万円ということになります。

これは大損害といってもよいのではないでしょうか。

◆地方には売れない土地が山ほどある!

土地価格を3割減と5割減の2通りで計算しましたが、5割減ならオンの字かもです。地方には売れない土地が沢山あります。固定資産税だけがかかる負動産です。つまり、5割減の価格でさえ売れない——という困った事態も十分ありえます。

新築マンションの場合は、鉄筋コンクリートの法定耐用年数が47年ですから、35年後の立地次第で、スラム化した幽霊マンションになっていなければ、4200万円で購入した物件でも、2000万円ぐらいの価値はあるかもですが、それでも総取得額5145万円－2000万円で、3145万円の損失金額です。

◆今買わなくても将来安いマイホームはいくらでも出回る！

２０１５年の日本の人口は1億２６７０万人ですが、35年後の２０５０年には、９７０６万人と約３０００万人も減少します（国立社会保障・人口問題研究所の中位推計）。不動産価格は暴落し、安い家がそこら中で売られているでしょう。

人口減少・世帯数の減少で、賃貸住宅の家賃も今後はさらに下落していきます。賃貸住宅なら、家屋の修繕や設備（エアコンなど）の修理も大家持ちです。

総務省が5年ごとに公表している「住宅・土地統計調査」によれば、２０１３年の全国の総住宅数６０６３万戸のうち、８２０万戸がすでに空き家です（空き家率は１３・５％）。空き家率は、調査のたびに増え続け、２０４０年には40％と推計されます。４０年には、現在の高齢化率26％（人口の4人に1人が65歳以上）が、３６・１％（3人に1人強が65歳以上）になります。

安倍政権も少子化対策や待機児童解消などスローガンだけは、アリバイ工作のように唱えますが、人口維持こそが一番の「成長戦略」なのに、長年にわたって放置プレイです。特定秘密保護法やら安保法制、共謀罪、憲法改正といった「戦前の日本を取り戻す」政策に執着するばかりなので、日本の未来は暗いのです。

全国の空き家数及び空き家率の推移

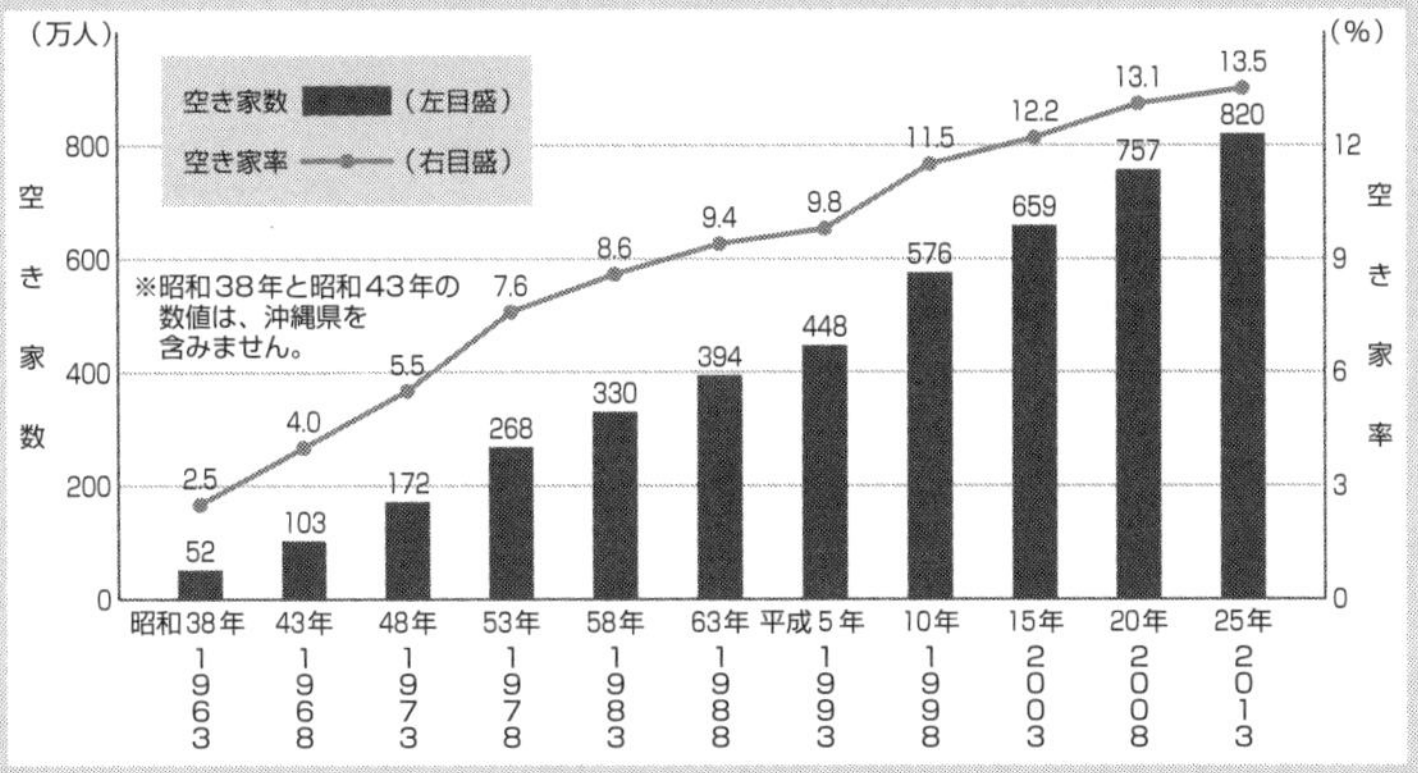

資料：住宅・土地統計調査結果：総務省統計局

高齢化の推移と将来推計

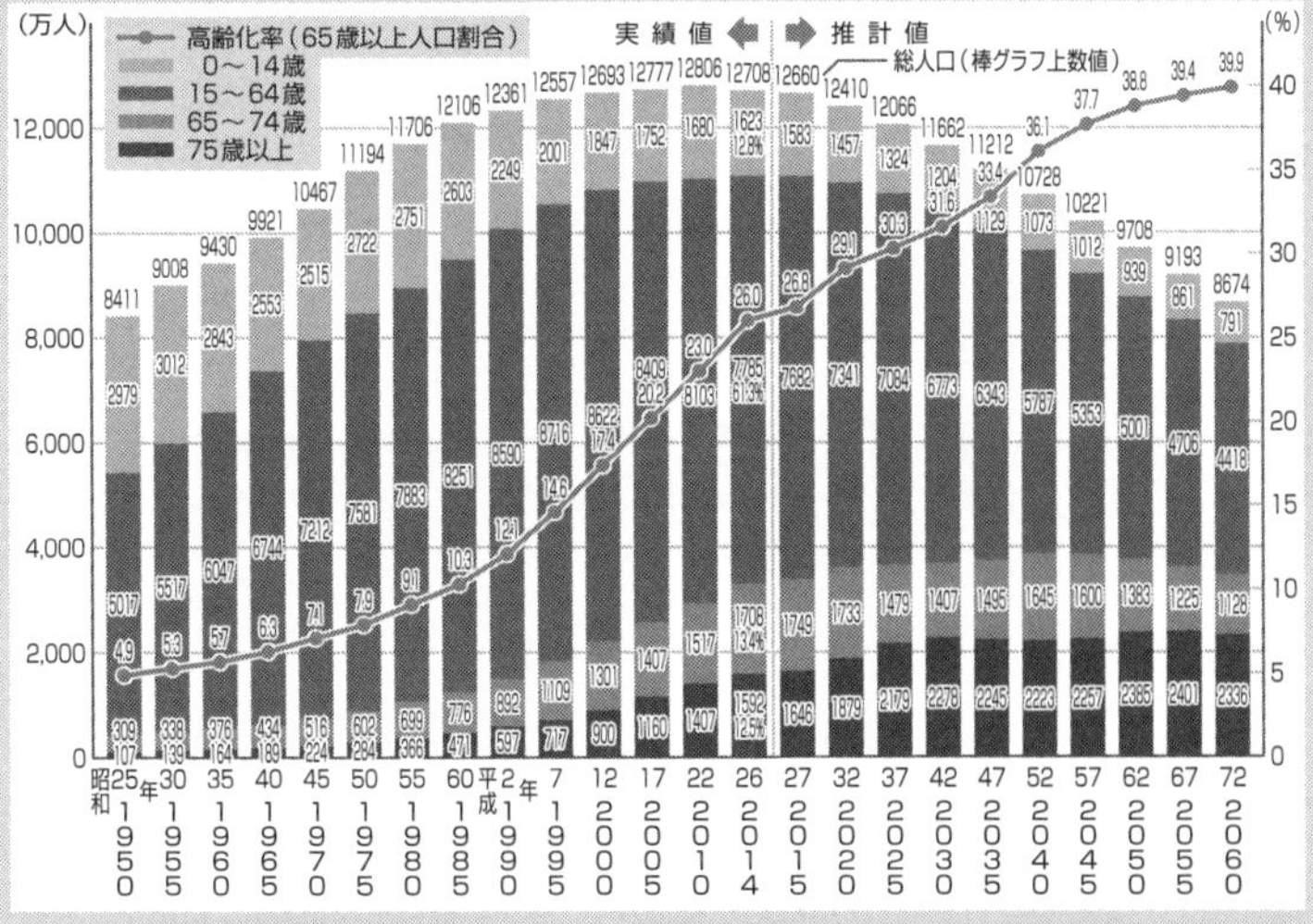

※資料：2010年までは総務省「国勢調査」、2014年は総務省「人口推計」（平成26年10月1日現在）、2015年以降は国立社会保障・人口問題研究所「日本の将来推計人口（平成24年1月推計）」の出生中位・死亡中位仮定による推計結果
（注）1950年〜2010年の総数は年齢不詳を含む。高齢化率の算出には分母から年齢不詳を除いている。

FILE 12

【多重債務】金融機関は債務者を作り出して儲ける!?

◎銀行や証券会社のカモになってはいけない！

◆あの手この手で客の金を奪う銀行と証券会社！

昔の銀行は「晴れの日に傘を差し出し、雨の日に傘を取り上げる」とさんざん揶揄《やゆ》されましたが、今は商売の様相も大分異なります。低金利どころか、日銀のマイナス金利政策の導入で（２０１６年2月）、ますます金利での儲け（総資金利ザヤ）が出せないので、あの手この手で手数料の稼げる金融商品を売り込みます。

いっぽう、昔の証券会社も、短期の「回転売買」による客殺しで手数料稼ぎに走りましたが、今ではネット証券の格安手数料にお客を奪われ、長期の手数料収入でがっぽり儲けるほうへ主眼が向いています。いずれも、一見生真面目そうな顔をして、庶民の金を奪おうと虎視眈々な姿勢だけは、昔も今も同じです。

日本の投信などの金融商品は、欧米のそれと比べて手数料が著しく高く設定されています。窓口では販売時に3％、信託報酬に年間2％などの高い手数料の投信を売りつけたがります。1000万円預けたら、販売時に30万円なので、5年で30万円＋100万円（20万円×5年）＝130万円が消えてなくなります。

運用して増やすどころか、分配金型だと、マイナスリターンのタコ足型になっているだけなのに気づきません。ネット証券でETF連動の投信なら格安なのに、なぜか退職金をもって銀行や証券の窓口にわざわざ騙されに行く人が多いのです。

運用益を再投資すれば、まだ複利効果が得られますが、ただでさえ投信の乗り換えを盛んにすすめて、お客の資産を食いつぶすことが目的化しているのです。

300万円台、500万円台で始められるという触れ込みのラップ口座を最近宣伝していますが、これも販売手数料はかからなくても、年率2％の信託報酬に、ラップ口座内の運用管理手数料までがかかってきて、ろくな商品ではないのです。

◆生命保険はべらぼうな手数料率！

銀行では、保険の窓販までやっていますが（1996年解禁）、こちらも初年度保険料支払額の4割～5割もの手数料バックのある生命保険を売りつけます。

別項でふれますが、共済と比べて著しく契約者に不利な内容の保険です。

◆総資産が大きいほど経営上有利な金融機関！

銀行の預貸率（預金残高に占める貸出残高の比率）は、バブル崩壊の９０年代以降ずっと下がり続け、今や都市銀行５行以下信用金庫までの金融機関は軒並み75％を下回るところまで来ています。

銀行の本業は、企業などに預金を貸し出し差益を得るのが仕事でしたが、銀行は貸出先もないまま国債などの有価証券投資にその資金を回して、少しでも運用益を得ようとあがいてきたわけです。

ただし、メガバンクなどは低金利で利ザヤが減ったとはいえ、総資産は１００兆円を優に超えていますから、２％足らずの粗利でも４兆～５兆円の経常収益（売上）が生み出せます。タダみたいな預金金利で庶民の金を吸い上げ、莫大な収益が上がるのですから、元より優雅な商売だったのです。

このため、総資産の少ない地方銀行などは、少しでも収益を得ようと、アパートやマンションなど、相続税対策での不動産融資などを盛んに膨らませ、バブル状態で空き家率上昇に貢献しています。

これも近い将来、空き家率上昇でキャッシュフローが回らなくなり、破たんする投資家が続出することでしょう。

◆罪深きは多重債務者を作り出しての金儲け！

大手銀行は、これまでサラ金（消費者金融会社）を傘下に収めてきました。少しでも収益を上げるべく、背に腹は代えられなかったからです。

06年のモラルハザードを助長するトンデモ最高裁判決（グレーゾーン金利禁止）によって、過払い金返還で青息吐息に陥ったサラ金会社にとっては、銀行の豊富な資金を得ていたおかげで何とかこの危機も乗り切っています。

しかし、けしからんのは、銀行がサラ金のもつ信用情報と保証業務（銀行への債務が滞った客には肩代わりする契約でサラ金は保証料が入る）を背景に、自行のカードローン残高を異常な水準にまで膨らませてきたことです。

サラ金には、2010年改正の貸金業法で、年収の3分の1を超える金額の融資は「総量規制」されることになりました。

しかし、同じことなのに銀行のカードローンでは、貸金業法が適用されず、銀行法の範囲内で自由に貸し出せるのです（概ね700～800万円の自主規制はあるが最高1000万円まで貸し付ける銀行あり）。

◆銀行業界のモラルなきトンデモ商売が野放しに！

こうした銀行のカードローンは、実質金利で18％も取るところがありますから、べらぼうに儲かります。サラ金よりも金利は低いところが多いので、サラ金の客までも「おまとめローン」の名目で、奪い取っているのです。

これには、銀行傘下でないサラ金各社からも「不公平」との声が上がっています。今では､サラ金の貸し出し残高が２０１６年末に2兆６５４０億円だったのに対して、銀行カードローンの残高は5兆６０４２億円に逆転しているのです。

銀行は、ＣＭで「最短30分で即日融資」「収入証明書は要りません」などと宣伝しています。そのせいで、２０１６年の自己破産申し立て件数は、６万４０００件を超え、13年ぶりの高水準になっているのです。

今では多重債務者を作り出すのは、サラ金でなく銀行なのです。

銀行は２０１６年から、自民党への政治献金も復活させています。

サラ金の総量規制で借りられなくなった客に、銀行が追い貸しする実態が続出しているというのに、銀行法では野放しです。

資金調達利回りが、メガバンクでは0･０５％平均ですから、18％で貸し出せば、差し引き１７･９５％で、１兆円当たり１８００億円も儲かる構図なのです。

銀行はサラ金になって儲ける！

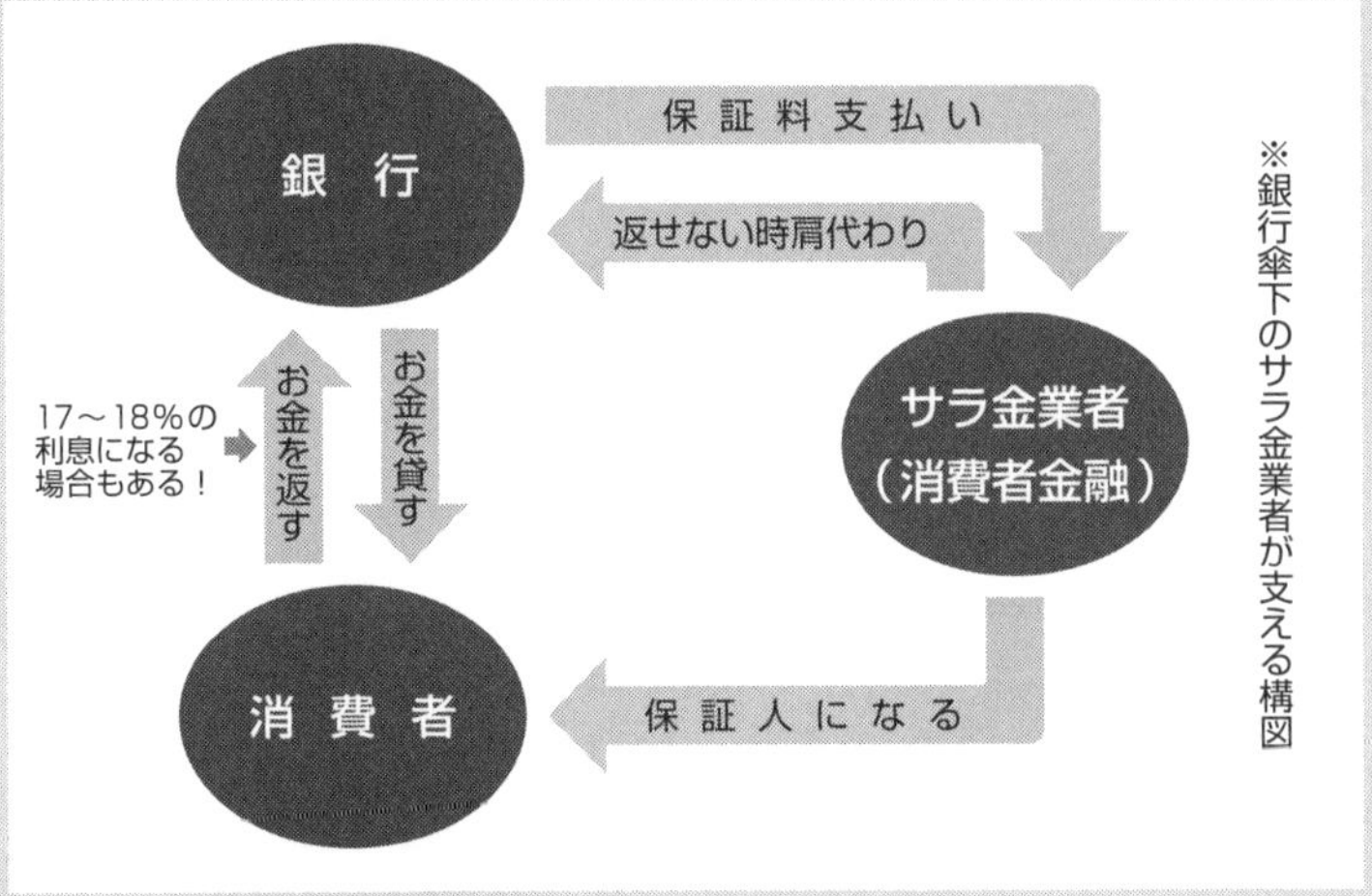

貸金業者の信用保証残高

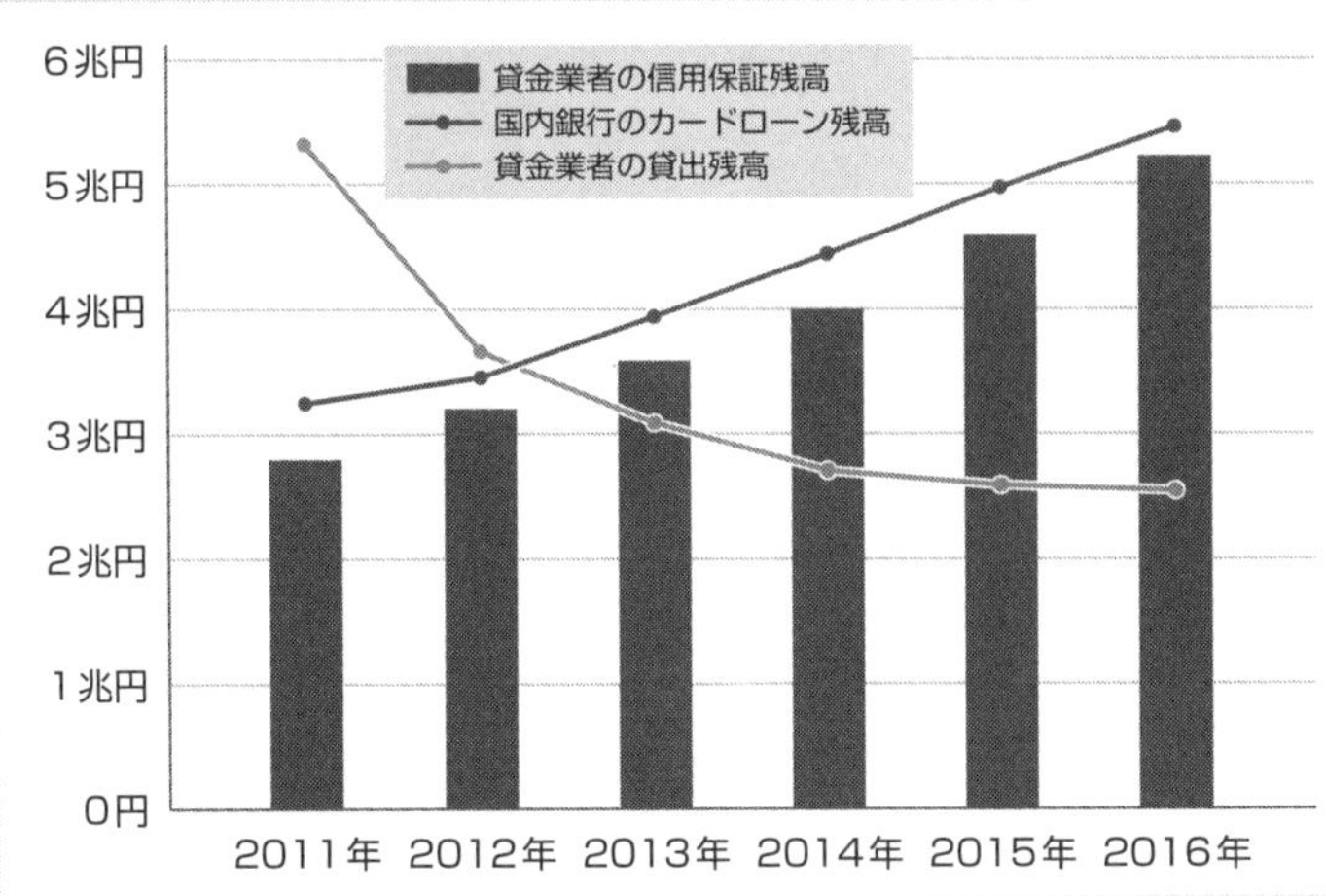

FILE 13

【自費出版】「あなたの人生を本にしませんか？」でボロ儲け！

◎本が売れない時代に、売れなくても儲かる請負業の仕組み

◆ピーク時の半分近くにまで縮小した出版業界！

出版業界の苦境が続いています。

出版科学研究所のデータによると、1996年に2兆6563億円のピークをつけた出版市場は、以降減少を続け、2016年には45％減の1兆4709億円にまで縮小しているのです（書籍7370億円、雑誌7339億円）。

書籍も雑誌も販売は低迷し、その原因としては、「スマホやネット利用の普及、デフレ不況の長期化、少子化、マンガ喫茶や新古書店、図書館貸出しの増加」など、複合的要素が挙げられます。

要するに他でやることが忙しく、本や雑誌を読む時間が減っているのです。

一時、拡大が期待された電子書籍は、まだ1909億円です（電子コミック

1460億円、電子書籍258億円、電子雑誌191億円）。

出版市場全体のたったの6・7％程度です。電子書籍は、再販価格制ではないために、オンライン業者（プラットホーム）に価格決定権を握られ、版元や著者への配分が少ないため、出版業界の苦境を補うには至りません。

音楽業界と似た構図ですが、音楽業界では有料配信すら減少しており、出版業界は、電子書籍にかろうじて多少の成長が見込めるぶん、まだマシなのです。

◆毎日出る新刊本のタイトル数はゆうに200を超えている！

業界の新刊タイトル数は毎日200タイトルをゆうに超えています。

点数を多く出して、売上減少分を補おうと版元も必死なのです。

そのうち2016年上半期だけで、書籍の43％、雑誌の46％が返品される始末です。

売れる本と売れない本の2極化が激しくなっているわけです。

今や、単行本の初版部数は1万部以下が当たり前となり、6千部～8千部という状況なのです。著者も版元も、取次も書店も儲からなくなっているわけです。

書店の数も毎日1店舗が閉店する状況で、90年代には2万3千店もあったのに、2016年時点では、たったの1万3千店になってしまいました。

◆次々と変化球を打ち出す出版業界！

人口減少で内需縮小が続く限り、サバイバル競争はますます激しくなる一方でしょう。出版企画においても、従来とは異なる「変化球投法」の出版社が続々登場しています。

★週刊発行の分冊式パーツ組み合わせ本で定期購買を狙う。
★女性向け雑誌に人気ブランドの小物を付けてファッションファン向けに売る。
★新古書店に行かせない・流れない対策として、コンビニ向けに廉価本（５００円）を大量に出す（価格が安いと新古書店持ち込み率が下がる）。
★自社出版物の電子版読み放題のオンラインをつくり、定期購読者を囲い込む。
★自費出版部門を作り、本を出したい人に費用負担させ、極少部数流通で稼ぐ。

こうしたヤリクリ算段を続けているのです。

◆自費出版本の制作が一番儲かる！

しかし、こうした手法の中でも、一番手堅く儲けられるのが、「自費出版本」の制作請負になります。四六判（188ミリ×130ミリのサイズ）の単行本は、文庫本よりも大きく、A5版（文庫の2倍）より小さい本で、単行本では一般におなじみのサイズです。

これを表紙ソフトカバー4色刷り、本文1色刷りで、200頁前後の本として2000部作ったとして、出版社の制作コストは、現在は印刷コストも安く、製本代を含めても70～80万円程度で出来てしまいます。

これを、自費出版希望者には、一冊当たり、編集コスト込みで300～400万円で売るのです。粗利が70％～80％になるので、版元はめっちゃ儲かります。もちろん、粗利から募集広告費、営業費、編集費を賄いますが、それでも担当者一人が、月間で7～8点担当すればウハウハの状況になるでしょう。

昨今では、一流と呼ばれる出版社でも、サイドビジネスとして手掛けています。出版不況と言われる中では、とにかく堅実で確実に利益の出る商売だからなのです。版元は、売れるか売れないか――ますますわからない状況の中で、売れるテーマを考え、著者を探し、著者の尻を叩いて原稿を書かせて出版するギャンブル商売を行っているのですが、自費出版なら確実に儲かるからです。

◆「内発的達成願望」を刺激されると突如として本能が行動を起こす！

自費出版とは、うまい商法です。人間には、誰もが「内発的達成願望」というものがあるからです。これは、子供の頃や青年期にかけて、自分の中に潜在する本能的願望として芽生えた、好きなことへの原初的な要素といえるものです。

たとえば、子供の頃アイドルになりたかった、電車やバスの運転手になりたかった、パイロットになりたかった、漫画家になりたかった、飲食店経営者になりたかった、牧場主になりたかった、大工になりたかった、歌手になりたかった、俳優になりたかった、作家になりたかった、画家になりたかった、教師になりたかった……などいろいろあります。たいていの人は、こうした願望を実らせることなく、経済的理由などかららも、大人になって他の職に就いていているわけです。

しかし、小説家志望だった人などは、自分の小説を出してみたいという願望が、定年退職で毎日やることがなくなったりした時に、突如目覚めたりするのです。

歌手に憧れた人が、ホール貸し切りで、コンサートを開くようなものです。

「内発的達成願望」を刺激されると、退職金をつぎ込んで飲食店を開いたり、自費出版で「自分史」づくりに走ったり——といった人も後を絶たないわけです。

出版物の推定販売金額の推移

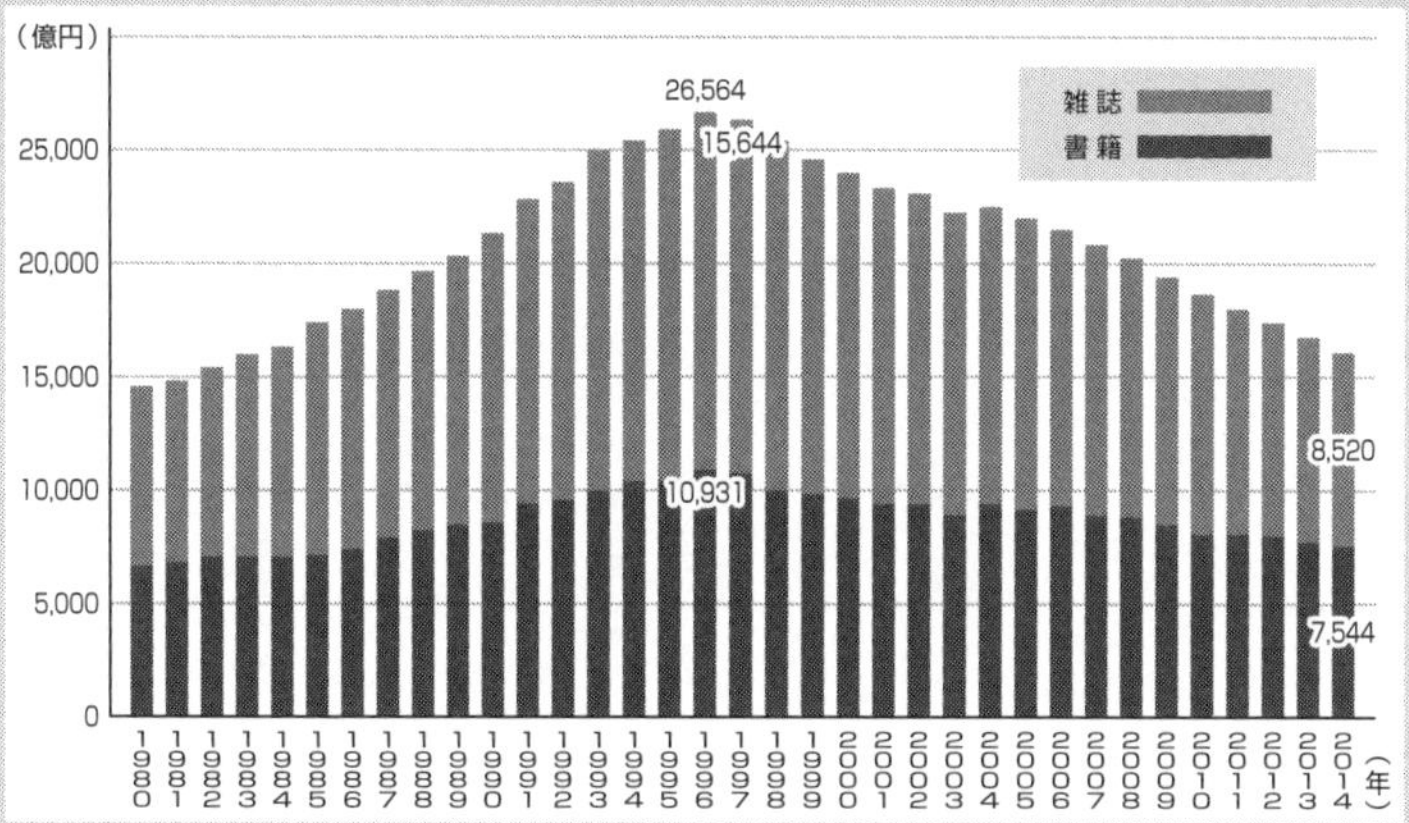

※資料：出版月報2015年1月号：出版科学研究所

書籍の収益構造

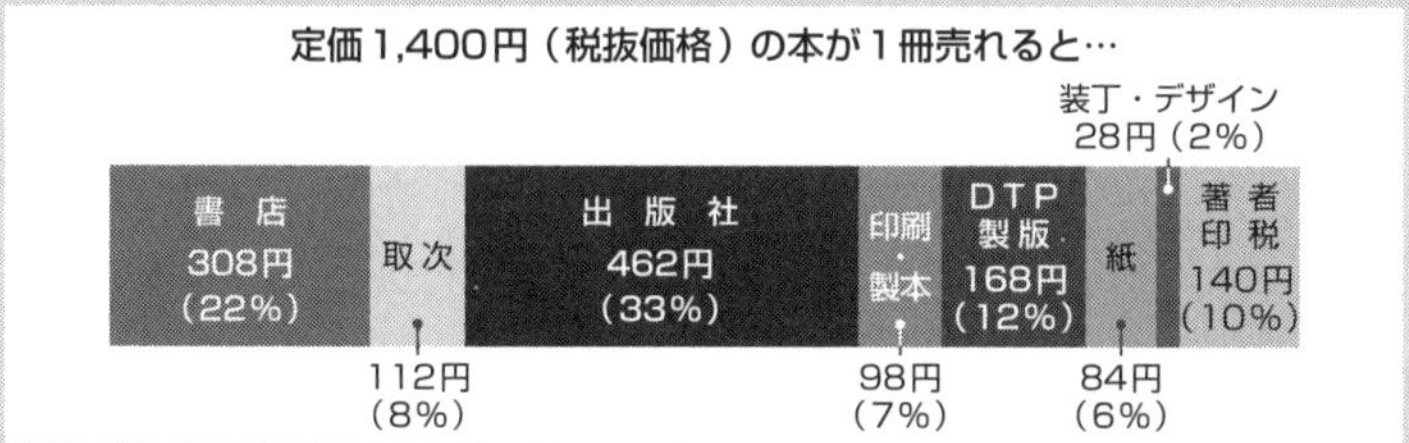

自費出版のしくみ

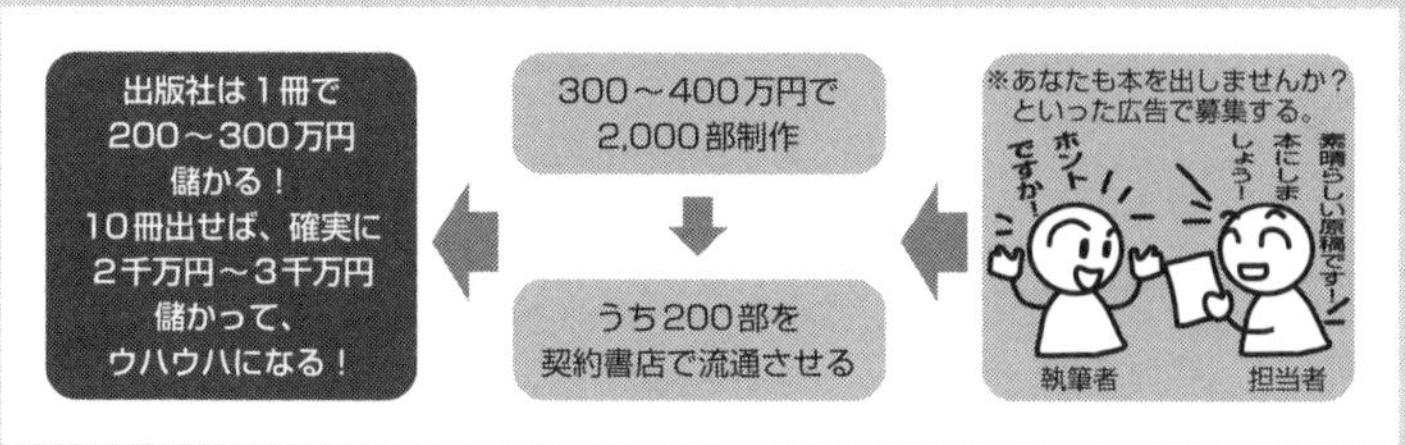

FILE 14

【保険と補償】保険料の大部分が無駄に消える仕組み!

◎「相互扶助」よりも保険会社の「粗利」が優先という構造!

◆過大な販売コストで補償は少なく世界一高い保険料!

世界人口73億人の2%にも満たない日本人ですが、一人あたりの年間生命保険料支払額では、ダントツの世界第1位です。生命保険が大好きな国民性を体現しています。生命保険文化センターによれば、2015年度の一世帯当たりの年間生命保険料払込額は38・5万円にのぼります。勤労者世帯の年間住宅ローン返済額の平均が111万円(2016年「家計調査」)ですから、住宅ローンに次ぐ大きな家計支出額です。生命保険料だけでも、こんなに支払った上に、他に火災保険や自動車保険といった損害保険にも加入しているのですから大変です。

驚くべきことに、ピーク時の97年には、一世帯当たりの生保の払込み額は67万6000円にものぼっていました。こんな異常な金額を払い込んでいるのは日本人だけなのです。

メディアの中では唯一、毎日新聞が、2001年8月5日付で、「日本の生命保険料は、欧米の同内容の商品と比較しても、2～3倍も高い」といった記事を掲載したことがありますが、スポンサータブーにふれる勇気ある記事で、とても珍しいことでした。欧米の生保会社の加入者募集コストは、代理店への低率コミッション中心ゆえに商品設計が安上がり――と紹介したのです。

◆加入者への「補償」に当てる分よりも保険会社の「粗利」が過大な構造！

生命保険料の内訳には、将来の保険金の支払いに充当する「純保険料（いわゆる原価）」と保険会社の利益とコストに当たる「付加保険料」がありますが、日本の生命保険料に占める割合は、「付加保険料」のほうが過大なのです。

つまり、「原価」が低く、「粗利」が大きすぎるので会社が儲かる――仕組みになっています。たとえば、一般的な保険期間10年で死亡保険金3000万円という大手保険会社の生命保険に、30歳男性が加入した場合の月額保険料は7000円前後になりますが、この保険料のうち加入者のいざという時の「補償」に回る「純保険料」は、たったの35・2％しかありません（2464円分）。

つまり、残りの64・8％（4536円分）が粗利で、保険会社の利益とコストで消え、TVでCMを流したり、代理店の販売手数料に流れていくわけです。

◆加入者への不払い額も世界一！

また、日本の生命保険料は高いだけでなく保険の「不払い額」も世界一です。

保険会社は、契約の際にさまざまな特約を付けて保険料のアップを図りますが、管理体制がアバウトゆえに、「請求がなかったから保険金支払いを見逃した」などというケースが続出しました。2001年から10年までの10年間に、金融庁が把握した不払い事例は116万件、金額にして1136億円にのぼります。金融庁から「業務停止処分」や「改善命令」を受けても懲りない業界だったのです。

もちろん、生保だけでなく損保でも不払いは常態化していました。

こうした歪んだ体質は、契約内容にも及んでいます。

医療保障の特約を付けたところで、「脳卒中で倒れた場合、医師の診断後60日以上言語障害などの後遺症が続かなければ保険金の支給は対象外」などといった免責事由が、細かな小さい文字で並んでいるのが契約書です。医療保険などに入らなくても、公的健保には「高額療養費制度」があり、高額の医療費が大幅に軽減される仕組みがあるため必要はないのです。実際、保険会社の社員は、内緒で共済に加入するか、自社の格安の団体信用保険にしか入らないと言われます。

◆ネット生保も広告費垂れ流し！

生保業界も規制緩和（９６年）がすすみ、近年では生保の「比較・見直し」を行う業態が一時業績を伸ばしました。そんな中、従来の保険商品の半額程度の保険料ですむネット生保も続々登場して人気を呼びました。

ある草分けのネット生保は、「純保険料77％・付加保険料23％」などと、業界ではじめて保険料の内訳を公開して脚光を浴びました。いわく、「店舗を持たずネットで契約するから安い」と謳ったビジネスモデルです。しかし、株式公開で資金集めに走ったものの、法外な広告費垂れ流しでずっと赤字のままです。株主放置の有様なのです。

ネットを使って契約するという見せかけの安さだけでは、旧態依然の「金集めビジネス」にすぎず、ネット間競争の激化に翻弄されるだけになっています。

そもそも、「保険」は営利を目的とする限り、加入者との間では「利益相反」の矛盾が必ず生じます。加入するなら、営利を目的としない、都道府県民共済に口数多く加入したほうがはるかに賢い選択になるわけです。

◆「高い販売手数料」目当ての「客ころがし」という儲けのカラクリ！

９６年の規制緩和以降、広がったのは乗合型保険代理店の店舗です。「いまの保険を見直しませんか」のテレビＣＭを流してきたおなじみの業態です。どこも、20社以上の保険会社と代理店契約を結び、相談にやってきた客には、現在加入中の保険の粗探しを行い、何が何でも別の生保に新規契約させる――というのがビジネスモデルになっています。他で契約した保険を解約させ、自分のところで別の保険に加入させて手数料を得るという欺瞞的な商法です。

莫大な広告費を使い、代理店販売員の人件費、報奨金、豪華な海外旅行表彰などが賄えるのですから、保険は販売サイドにこそ旨味があるといえます。

では、保険の販売側に従事する業者は、どのぐらい儲けているのでしょう。

一般に、新規に保険加入させると、保険の種類にもよりますが、定期の死亡保険の場合、加入者の年間支払い保険料の40～50％が、保険会社から２年間バックされ、３年目以降は解約防止の意味合いで10％前後に下がるといった仕組みが多いのです。ゆえに保険を３年目に解約させ、別の新規保険に加入させれば販売サイドは儲かるわけで、前述した10年定期なら、１人加入させれば２年で８万円も儲かります。

生命保険のカラクリ

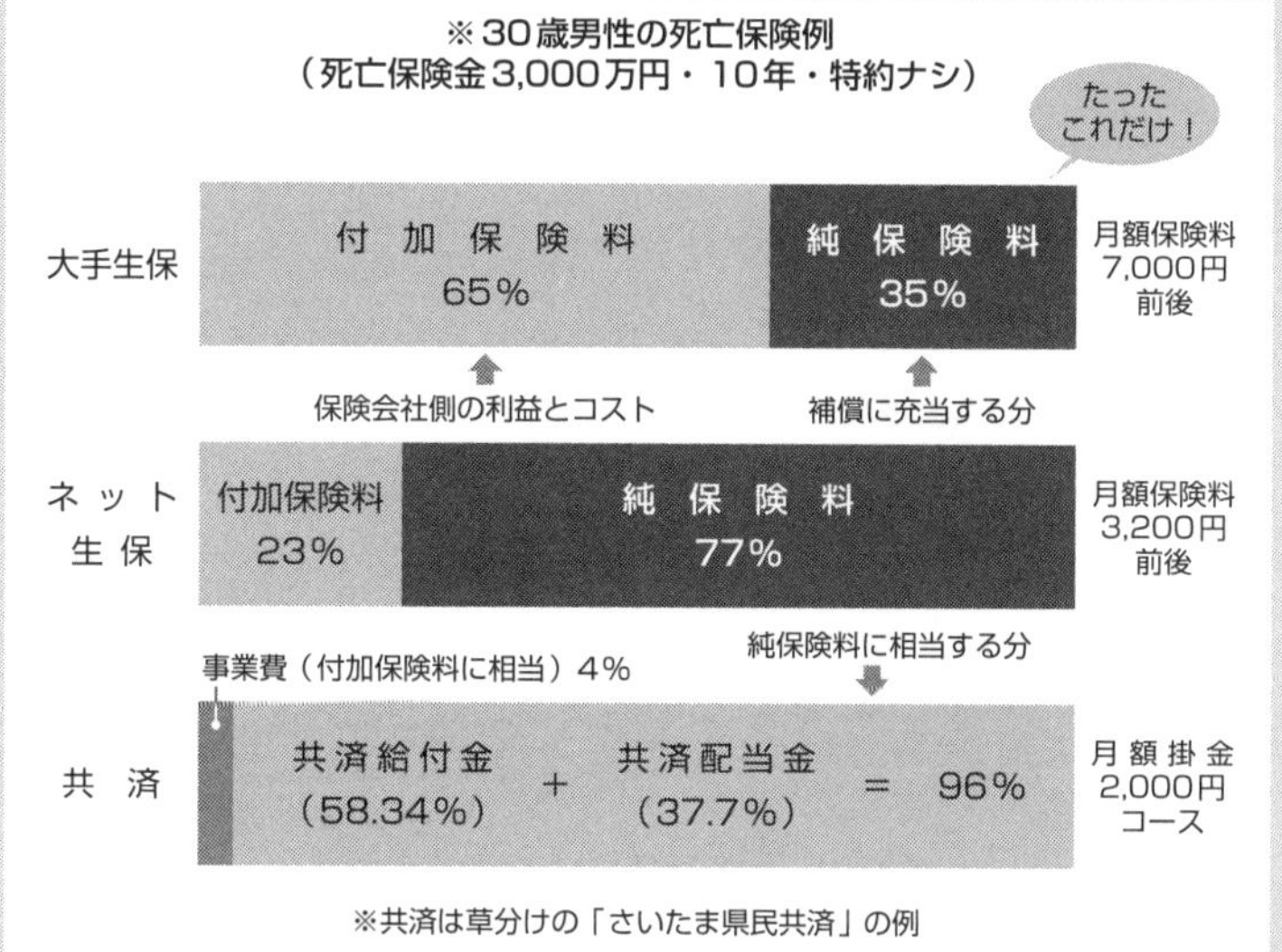

※共済は草分けの「さいたま県民共済」の例

保険会社と販売代理店の収入割合

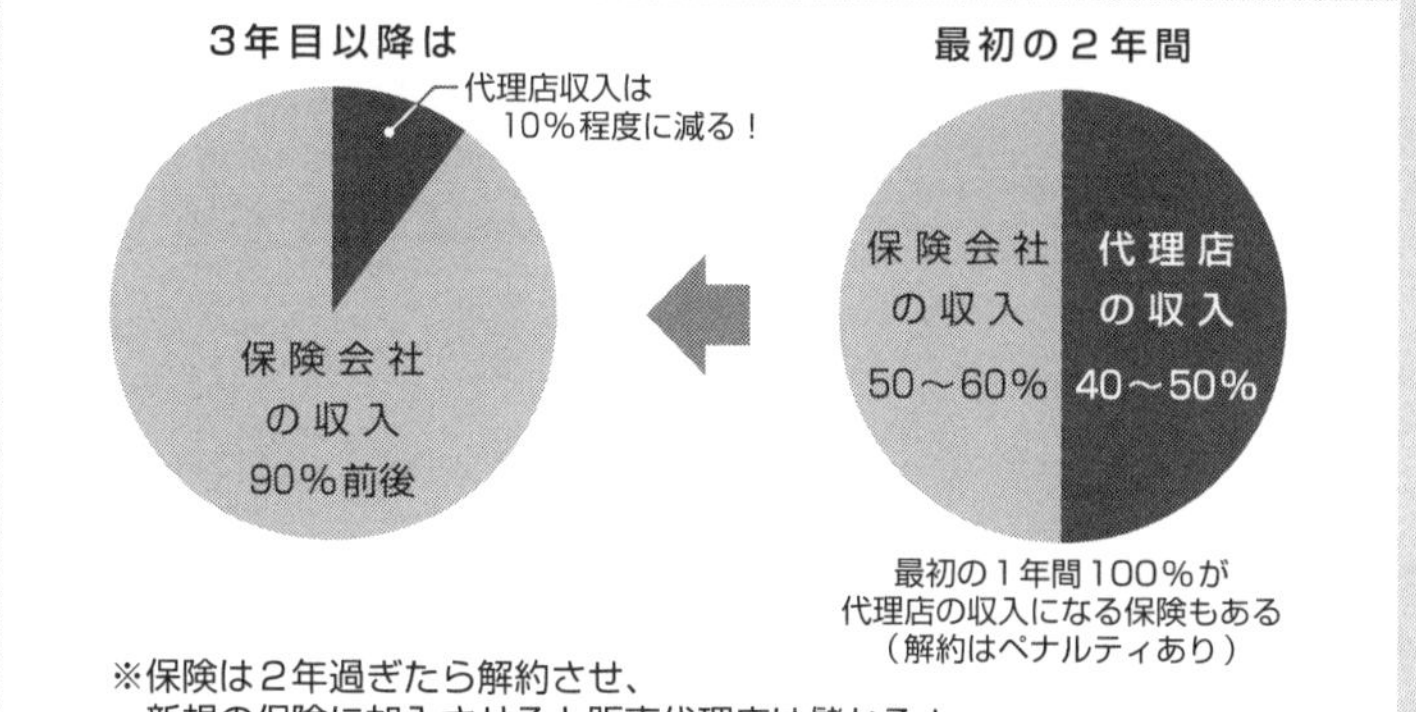

※保険は2年過ぎたら解約させ、
新規の保険に加入させると販売代理店は儲かる！

FILE 15

【化粧品の価格】定価3000円の品の原材料費は30円!?

◎原材料費はたったの1%という驚異の価格構造！

◆夢や幻想を創り出すのに莫大なコストがかかっているだけ！

化粧品の原材料費が激安――というのは、業界では当たり前の事情です。しかも、中身よりも容器や紙パッケージのほうがコストは高く、高級感をもたせて価格を高くしたほうが売れる――という神話もあります。このように、一見おいしく見える業界ゆえに、参入する異業種企業が後を絶ちません。

もちろん、参入したからといって、思惑通りの展開になる保証はありませんが、旨味のある業界ゆえの過当競争もまた激烈なのです。

広告宣伝費にバンバン資金投下しないと、知名度も得られません。

化粧品業界の市場規模は、２００７年に2兆３４２３億円のピークをつけて、その後２０１２年まで緩やかに減少して2兆円ギリギリの規模まで落ちますが、２０１３

年以降のインバウンド需要で2016年には2兆1500億円とやや戻しています。国内市場は縮小しますから、今後は海外展開が課題です。

有名な上位4社のメーカーがシェアの8割強を押さえ、残り2割弱の市場を中堅や弱小、零細企業が奪い合う構図になっています。

業態も、メーカー直結で百貨店売り場や特約店に契約した美容部員を派遣する「制度品メーカー」、店舗をもたない個人契約した販売員に商品を卸す「訪販メーカー」、ドラッグストアやコンビニに問屋経由で商品を卸す「一般品メーカー」、100円ショップに商品を提供する「格安専業メーカー」などに分かれます。

◆自社生産のメーカーはほんの数社だけ!

化粧品業界は、OEM生産（相手先ブランドの製造）が主流です。

ごく一部の大手化粧品会社だけが、自社の製造工場をもつだけで、ほとんどの会社は他社に外注する形のファブレス化（製造設備をもたず外注委託する形でメーカーになること）がすすんでいます。

業界団体加盟の企業だけで、千数百社あり、業界全体では、原料製造、乳化、香料、練り加工、容器、パッケージメーカーなど7千社余りがひしめいています。

◆原材料費はたったの1％という驚異の価格構造！

基礎化粧品の原料は、水と油です。

水と油を混ぜ合わせるための合成界面活性剤の他に、色素、香料、防腐剤が入り、特殊成分がほんのちょっぴり入っているぐらいで基本成分に大した違いはないのです。

ヒアルロン酸やその他の特殊な成分などの配合を強調したりしますが、全体の1～3％含まれるかどうかです。一般に高価といわれるヒアルロン酸でも、1gあたり6リットルもの保水効果があり、1CC50円程度のヒアルロン酸をわずか0・1CC入れただけでも湿潤効果満点で原料代は5円にすぎません。悪徳美容外科のHPなどには、ヒアルロン酸1CCの原価を数万円などと誇大表示していますが、もちろん真っ赤なウソです。

内容物の原料代が10円以下なら千円の商品にすれば原材料費比率はたったの1％です。

しかし、原材料費よりも容器代や箱代のほうが高いのが常識です。

オシャレな容器にすれば30～50円、美しい光沢の紙パッケージにすれば50～100

円したりします。すると原価は50円～150円程度まで跳ね上がります。これを千円で売れば原価率5～15％前後に、1万円で売れば、原価率0・5～1・5％に下がるわけです。

◆「心理効果」が売れ行きを左右する！

化粧品にはさまざまな夢や幻想がつきまといます。「美肌になりたい」「色白になりたい」「うるおい肌になりたい」「いつまでも若さを保ちたい」……。かくして、高額なものほど、効果が高いと信じ込みたくなります。心理学でいう「ウェブレン効果」です。

しかし、内容物については、01年の薬事法改正以降、「該当指定成分表示」から「全成分表示」に代わりましたが、素人が見てもどれが化学物質で、どれが天然成分かもわかりません。アレルゲンすら不明です。

そもそも化粧品は医薬品でないので効能効果を謳えません。効能効果が謳えないものは、効果がないのが当たり前で、あったら問題なのです。むしろ、化学物質でアレルギー反応を起こす可能性のほうをこそ心配すべきでしょう。

◆化粧品が肌の新陳代謝を破壊する！

化粧品には、夢や幻想がつきものです。

それゆえ、莫大な広告費や人件費をかけて、夢や幻想を創り出す必要があります。原価が安くても売るのがむずかしい商品なのです。

しかし、化粧品に過大な幻想をもつことだけは止めたほうがよいでしょう。どれも品質に大した差はなく、もとより効能・効果などはないのですから。効能・効果がないどころか、化粧品には肌に有害な成分がてんこ盛りだったりします。

そもそも、水と油を乳化させる合成界面活性剤からして、肌の新陳代謝を妨害する物質です。

うるおい肌になろうとして保湿クリームをつけることで、かえって乾燥肌になってしまったという例が、皮膚科医の臨床データには多数あります。

なお、化粧品の原材料費が激安価格というのは、基礎化粧品に限った話ではありません。メイクアップ化粧品も同様に原材料は激安です。

３０００円のファンデーションの原材料費は、20～30円だということです。

化粧など極力しないことが肌の健康を守り、お金を蓄えることにつながります。

化粧品は原価が激安

1万円の小売価格の収益構造

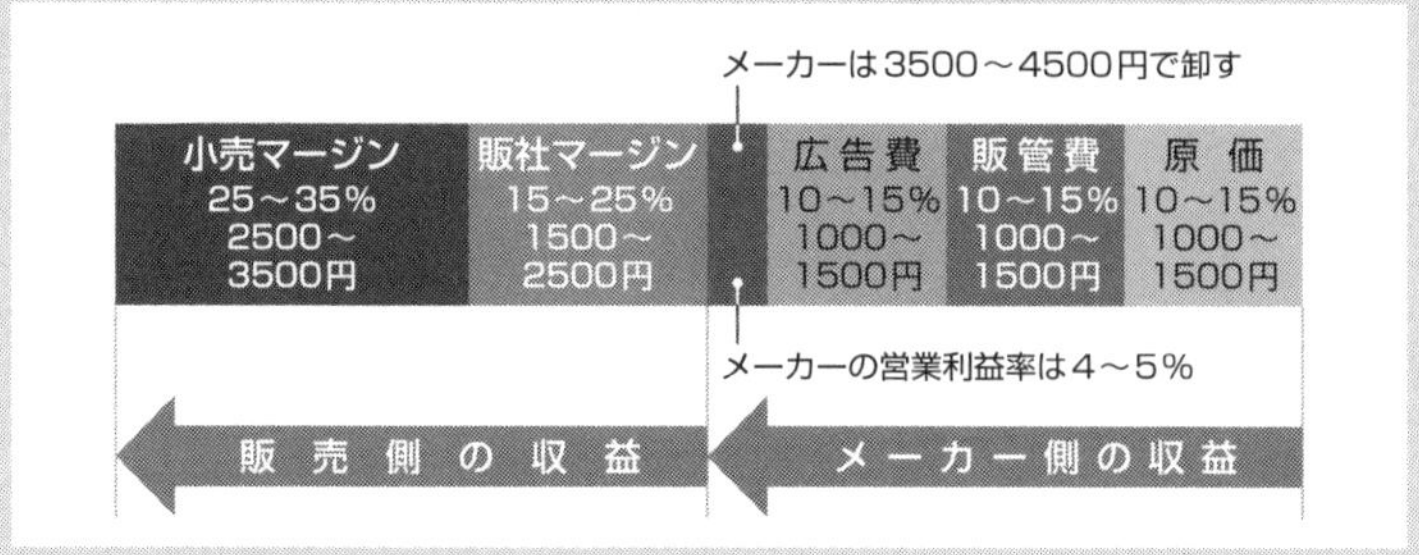

FILE 16

【コンビニ残酷物語】大借金経営で儲からなくてもやめられない!

◎悪魔のような「コンビニチェーン」のウラ事情!

◆コンビニ経営につきまとう「残酷物語」と「奴隷労働」の欺瞞性!

日本フランチャイズチェーン協会のデータによれば、2016年のコンビニ店舗数は約5万5千店で、売上高は10兆5722億円にのぼります。

コンビニの本部（フランチャイザー）は、軒並み高収益です。経常益で10%以上は当たり前で、20〜30%前後もの数値がズラリと並びます。

では、フランチャイジー（加盟店経営者）のほうはどうなのでしょうか。

業績好調で複数店を経営し、年収2000万円といったオーナーもいますが、売上が伸びずに借金苦から本部を訴える人もかなりいます。

ただし、訴訟を起こしても、裁判所では、フランチャイジー自身も消費者ではなく、独立した一個の事業主として扱われます。本部の鉄壁の契約条項には抗えないのが実情で、結局、自己破産、自殺、離婚、失踪などに至った事例が漏れ伝わってくるのが、その現実の厳しさを物語っています。

コンビニに関しては、過去の「判例タイムズ」や「判例時報」に照らしても、加盟店側が勝訴した事例は、「本部の甘い売上予測で開店し、損益分岐点に満たなかったケース」ぐらいがあるだけで、ほんのちょっぴりしかありません。

チェーン店本部を訴えても、加盟店経営者のほとんどが負けているわけです。

「コンビニ残酷物語」「コンビニ奴隷労働」などと揶揄される割に、こうした実態は不透明なのです。それは、マスコミがスポンサータブーで報じないからです。

チェーン本部は、こうした裁判事例や経営実態などを報じられたのでは、加盟店募集に支障をきたします。脱サラ希望者などが、せっかく「加盟店経営者募集」の説明会にわんさか赴いてくれ、本部の調子のよい説明に乗せられて大借金し、フランチャイジーになってくれないと困るからなのです。

◆異常に高いチャージ率（ロイヤリティー）

しかし、そもそもこの業態は、昔から本部会計システムへの疑念や不透明性が指摘され続けてきた、問題の多いフランチャイズシステムです。

まず、加盟店になるには家族2人で働けることを条件に、初期費用が500〜700万円程度かかります。加盟する人を大別すると次の2通りに分けられます。

※土地や建物を自分で用意して加盟するケース
※土地や建物を本部名義で借りてもらい加盟するケース

これらの条件によって本部へのチャージ率も、コンビニごとに異なるシステムになっています。前者の場合は、粗利益に占める本部へのチャージ率が30〜43%程度です。ただし、後者の場合は50〜79%にも及びます。

もちろん、家賃の支払いや水道光熱費を本部が負担してくれるケースでは、本部の取り分も多くないとやっていけないでしょう。しかし、それでも本部へのチャージ率は高すぎるといわれているのです。

◆大借金でスタートし儲からなくてもやめられない！

そして、加盟店契約は10年、15年という長期の縛りになっています。

儲からないと思っても、途中で辞めると数百万円単位の違約金が生じる仕組みなので、おいそれとは途中でやめられない仕組みなのです。まさしく本部の奴隷になるわけです。借金して店舗を用意する人や、意気込んで脱サラし、コンビニをはじめる人には、かなり高いハードルになっているのです。

しかも、店舗で粗利を計算してチャージ分だけ本部に払う仕組みではなく、毎日売上金全額を本部に上納し、本部から粗利を戻すシステムで、入金の遅れにはペナルティーもかかります（売上が少なく買掛金の自動融資が起こると、今日の低金利時代なのに高額金利が発生する仕組み）。

◆不思議な売上原価の計算方法！

通常の商売では、売上から売上原価を引いたものが粗利になります。

しかし、コンビニ契約上の売上原価には商品廃棄分や棚卸減耗損（盗難・紛失）をほとんど含まないので、売上原価が小さくなり、粗利が大きく膨らむ構造です（本部へのチャージ率が粗利に対してなので本部はトク）。

不思議な粗利算定法なのです。本部は加盟店に機会ロスを出さないよう、つねに商品を多めに発注させ、賞味期限切れ商品はどんどん廃棄するよう指導し、膨大な食品の無駄を奨励している形です。

◆オーナーの奴隷労働で成り立つビジネスモデル！

弁当や総菜類は、つねに棚を商品で一杯にしておかなければなりません。必ず賞味期限切れ商品が大量に出る仕組みで、廃棄する商品の仕入れ額は、ほとんどがオーナー負担です。つまり、賞味期限切れで廃棄する商品が多く、ロス（万引き）が多い加盟店があるほど本部はトクをする仕組みなのです。もちろん、加盟店が仕入れ商品を内緒で値引き販売すると、本部は圧力をかけて潰します。

また、本部は、食品メーカーなどの仕入れ先への支払いを、加盟店に代わって行っているわけですが、本部の一括交渉なので、その商品の原価は、加盟店側には知る由もありません。公開しないのは、過剰な利益を上乗せしているからでは――という加盟店からの疑念も尽きないわけです。コンビニの行う仕事は煩雑で、今やアルバイトも嫌がり集まりません。オーナーはますます休みもとれないのです。

なお、加盟店は、日商50万円以上で儲かっていると思っても安心できません。

本部は、儲かる店舗があれば、近隣に同じ店を出店させるからです。ドミナント戦略といい、店が集中したほうが配送効率もよいからです。コンビニは、本部と加盟店の共存共栄でなく、オーナーの奴隷労働で成り立つ仕組みなのです。

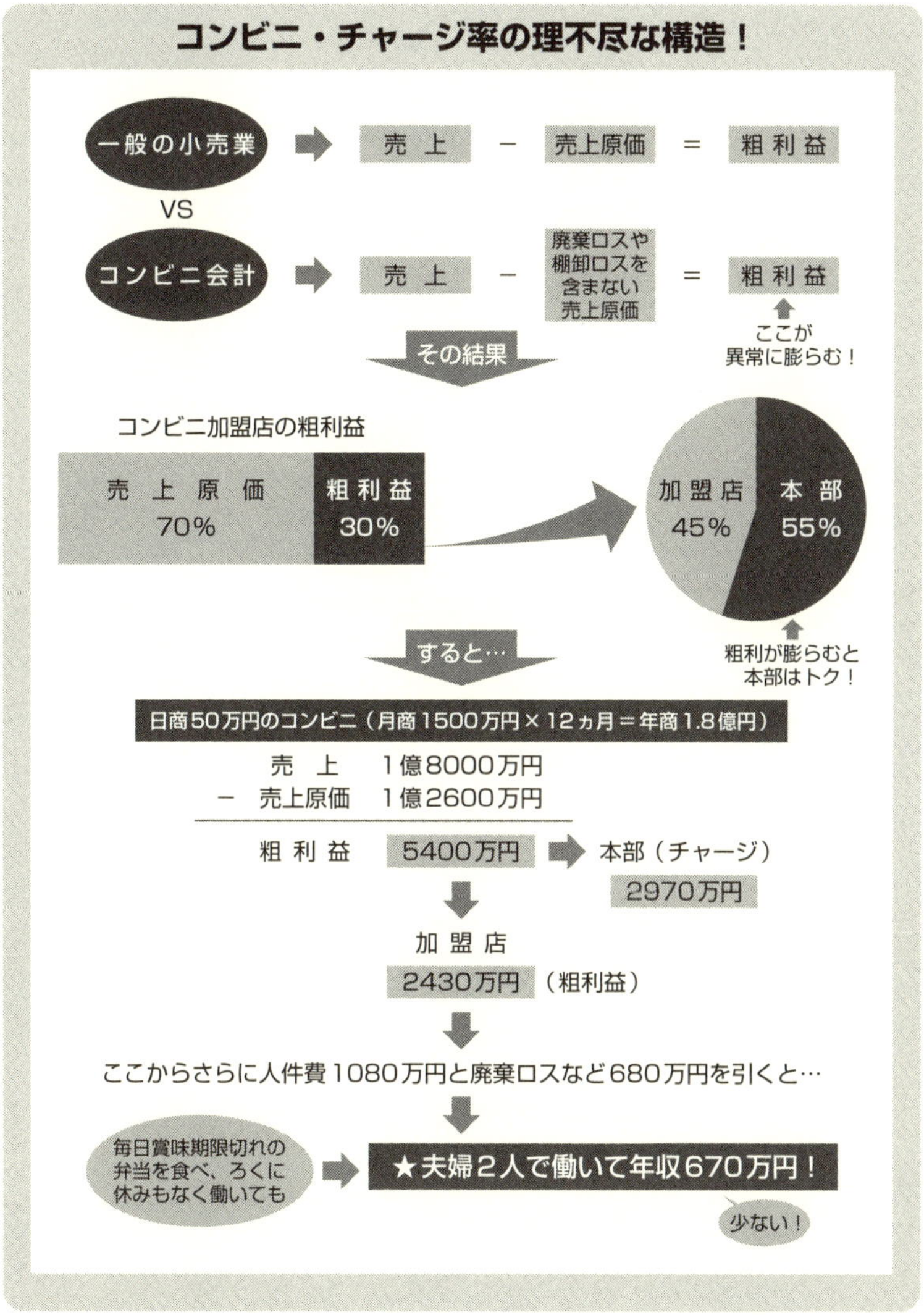
コンビニ・チャージ率の理不尽な構造！
一般の小売業
売 上 － 売上原価 ＝ 粗 利 益
VS
コンビニ会計
売 上 － 廃棄ロスや棚卸ロスを含まない売上原価 ＝ 粗 利 益
ここが異常に膨らむ！
その結果
コンビニ加盟店の粗利益
売 上 原 価 70%
粗 利 益 30%
加盟店 45%
本部 55%
粗利が膨らむと本部はトク！
すると…
日商50万円のコンビニ（月商1500万円×12ヵ月＝年商1.8億円）
売 上 1億8000万円
－ 売上原価 1億2600万円
粗 利 益 5400万円
本部（チャージ） 2970万円
加 盟 店 2430万円（粗利益）
ここからさらに人件費1080万円と廃棄ロスなど680万円を引くと…
毎日賞味期限切れの弁当を食べ、ろくに休みもなく働いても
★夫婦2人で働いて年収670万円！
少ない！

FILE 17

【リボ払い】「物販」より「貸し付け」で儲けるカード会社

◎やたらと「リボ払い」をすすめるクレジットカード会社のウラ事情

◆「物販」より「貸し付け」が儲かるカード会社のビジネスモデル!

クレジットとは「信用」を意味する言葉になります。

欧米では、現金払いのお客よりも、クレジットカード払いのお客のほうが、信用度が高く、優遇されるといった背景さえあります。現金払いの見知らぬ個人より、カード会社の審査を通った個人のほうが信用がおける――というわけです。

そんな事情もあり、カード会社もカードにステータスを付与します。

年会費が無料や数千円の一般カードだけでなく、付随保険のサービスなどをグレードアップさせた、年会費が1~3万円のゴールドカードやプラチナカード、さらには年会費20~30万円もするブラックカードを発行し、顧客の虚栄心や優越感をくすぐる仕掛けを作っているのです。

日本のクレジットカード会社の収入は大きく分けて次の４つです。

★カード会員の入会金・年会費。
★カード会員が加盟店で買い物をした時、加盟店から受け取れる買い物額の３〜７％程度の加盟店手数料（業種によって異なる）。
★カード会員が分割払いをした時やリボルビング払いでの手数料。
★カード会員がキャッシングサービスで現金を借りた場合に、カード会員から受け取れる年率10〜18％の金利手数料。

つまり、「物販」による手数料より、金利収入のほうが効率がよいのです。

◆片手の収入よりも両手の収入がオイシイ！

一括払いの時はカード会員に負担はなく、クレジットカード会社は加盟店からの手数料収入だけを受け取ります。

この場合は、片手だけの収入になります。

カード会員は、分割払いやボーナス払い、リボルビング払いを選んだ時にはじめて、カード会員にも金利による手数料負担が生じます。

ここで、両手の収入が発生するわけです。

なお、クレジットカード会社の収入には、他にもカード提携や乗合で分け合う手数料、各種生損保の勧誘によって得る代理店収入、企業のダイレクトメールをカード会員に送って得る広告収入などもあります。

したがって、会員には、できるだけ「分割払い」や「リボルビング」「キャッシング」といった「貸し付け金」が発生する取引をしてもらいたいわけです。

◆「リボルビング払い」は蜜の味！

前述のように、クレジットカード会社は、カード会員のショッピングでの利用においては、断然分割払いに力を入れています。

そのほうが加盟店手数料とカード会員からの両方の手数料が得られるからです。とりわけ、熱心に勧誘するのが「リボルビング払い」です。

この「リボ払い」には特典を付けたり、「リボ払い専用カード」には、ポイント還元率をよくしたりします。

ふつうの分割払いだと、3回とか、10回の支払いが終わればそれまでですが、リボルビング払いだと、毎月1万円などと定めた額での元本と金利の返済です。ゆえに、毎月のカードでの消費額が大きくなればなるほど、借金の元本はふえていくからです。

借金の元本は、限度額まで、できるだけ膨らんでくれたほうが、カード会社は長期にわたる金利収入にも与かれることになります。

しかし、カード会員にとっては「負担の先送り」での借金漬けにすぎません。その点は、利用者は十分注意が必要でしょう。

◆クレジットカードのショッピング枠を現金化する業者の存在！

ところで、「クレジットカードのショッピング枠を現金化！」などの宣伝文句を、インターネットや携帯電話のサイト、繁華街にある雑居ビルの一角などで、よく見かけます。

これは、2010年6月施行の「改正貸金業法」により、住宅ローンや自動車ローンを除く、借金額の総量規制（年収の3分の1まで）が導入されたため、消費者金融やカードのキャッシング枠が限度額いっぱいになり、資金繰りに窮した人向けに広告宣伝している違法換金業者に他なりません。

◆メルカリで「紙幣」が売られるウラ事情とは？

クレジットカードの後払いシステムを利用し、50万円の価値のない商品をカードで買わせ、その8割の40万円を現金でバックするといった仕組みですが、1か月後にはカード会社から50万円の請求が来てしまいます。

つまり、元本40万円を借りて30日後に10万円の金利を払った場合の年利率は300％にもなるわけです。もちろんこれは違法な取引です。

クレジットカード会社は、現金化目的の商品購入を禁じていますから、換金業者も金を得た客も「詐欺罪」に問われるわけです。

ところで、スマホのアプリで簡単にフリーマーケット売買ができる「メルカリ」という人気サイトがありますが、このサービスに「紙幣」を売り出した人がいたことをご存じだったでしょうか。すぐに削除されてしまいましたが、何のことはないのです。これも、クレジットカードで「1万円札10枚」を12万円などで購入すれば、「クレジットカード枠の現金化」ができるからに他なりませんでした。

これも実行すると、売った人も買った人も詐欺罪に問われますから、お金に困っても危ない橋は渡らないことです。すぐに多重債務者になってしまいます。

クレジットカード会社はキャッシングで儲ける！

クレジットカード業界（2015年時点）

・取扱高49.8兆円　・業界売上１兆9705億円　・２億5890万枚

クレジットカードの仕組み

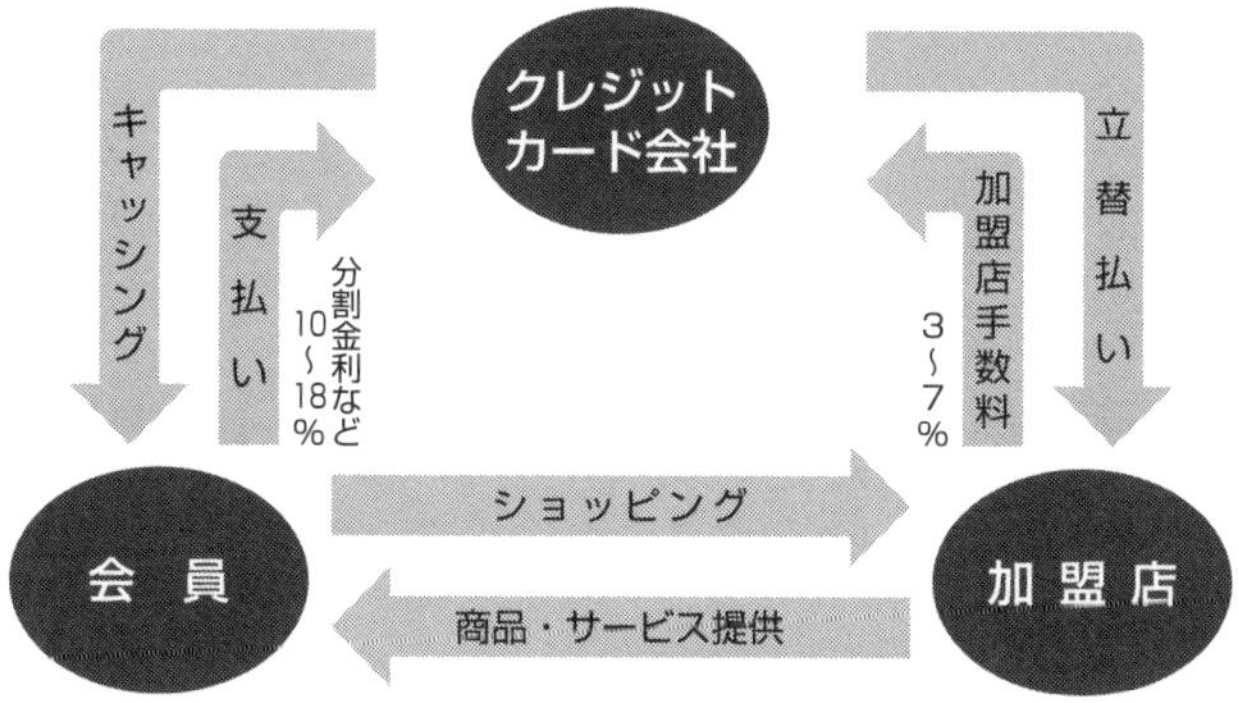

クレジットカード会社の４大収入

その１ カード会員からの	その２ 加盟店からの ショッピング時の	その３ カード会員からの 分割利用の	その４ カード会員からの キャッシング利用の
・入会金 ・年会費	・加盟店手数料 （3～7％）	・分割払手数料 ・リボルビング払手数料 （12～15％）	・分割払手数料 ・リボルビング払手数料 （18％）

※カード会員はショッピング利用での一括払いなら手数料はかからない。なお多くのクレジットカード会社は２回分割までは手数料がかからず、３回分割以上の場合に手数料がかかる設定になっている。

分割払いとリボ払いの違い

分割払い

最初に支払回数を決め、総支払額に対しての金利手数料が確定し、それを支払回数で分割する。

↑

消費額の分割回数が終われば返済も終わる

↔

リボ払い

毎月一定額しか支払わない。毎月の残額に対して、金利手数料を計算し毎月の一定支払額の中に組み込んでいく。消費利用を繰り返すと金利手数料負担も増えていく

↑

毎月の支払額の設定が低いと、残高が積み上がり、金利手数料負担もかさみ、なかなか返済が終わらない

FILE 18

【遺産独り占め】ボケた親に公正証書遺言を作らせる!?

◎法律業界の新たなシノギ「ボケ老人の公正証書遺言づくり」

◆最高裁のモラルハザードを助長するようなトンデモ判決とは?

２００６年1月の最高裁判決以降、司法書士や弁護士業界には、突如としてバブル旋風が吹き荒れました。今ではめっきり減りましたが、司法書士事務所や法律事務所が、べらぼうに費用のかかるテレビCMを流したり、電車やバスの中にさかんに広告を出していたのを覚えている方もいるでしょう。

０６年1月の最高裁判決とは、それまで消費者金融やカードローン、商工ローンなどからの借金の金利が、利息制限法の上限金利（元本10万円未満は年利20%、10万円～100万円未満18%、１００万円以上15%）を超え、出資法の上限金利（２０１０年6月18日施行の出資法改正前までの金利２９・２%）との間の「グレーゾーン金利」で貸し出されていた部分に対して「無効」を言い渡したからでした。

つまり、納得ずくの高金利でサラ金から借りていたお金であっても、最高裁は、あとからでも、金利が高すぎた分を取り戻してもよいぞ——とモラルハザード（道徳的危険・倫理の欠如）を助長するようなトンデモ判決を出したのです。

そこで、こうした貸金業者から借り入れのある人と、すでに完済している人でも完済日から10年以内（時効）であれば、利息が過払いになっている分は取り戻せることになったのです。このため、司法書士や弁護士業界では、「過払い金取り戻し」のバブル旋風が吹き荒れることになったわけです。

◆悪徳弁護士がチャンスとばかりに跋扈《ばっこ》した！

司法書士や弁護士はそうした借金のある人、あった人の依頼を受けて、パソコンソフトで利息と元本を計算し直し、完済している人にも年利5％の利息を付けて、過払い返還額を貸金業者へと次々請求していったわけです。

これがベラボーに儲かりました。そのため、テレビで宣伝してでもお客をかき集めるのに必死となり、一部の弁護士を狂わせるに至ります。

お客に事前に報酬額も告げず、1人当たり数百万円単位で過払い金を取り戻し、7割も懐に入れて、書類を廃棄していた弁護士は、所属する弁護士会から3か月の業務停止処分を受けるなど、あちこちにこんな悪徳弁護士が跋扈したのです。

弁護士の報酬基準が04年4月から原則自由化されていましたから、ここぞとばかりに懐を温めようとした弁護士が横行したゆえんでしょう。

テレビCMを流していた法律事務所などは、弁護士が依頼者と面談することもないままに（現在は禁止）、雇った数十名のスタッフが流れ作業で過払い金請求をこなし、年間数十億円もの報酬を手にしていたのです。

哀れな多重債務者やその脱出組から、いいように金を巻き上げていたのですから、法曹資格者の倫理もあったものではなく、まことに笑止千万だったのです。

◆過払い金バブルの宴のあとは？

当時の消費者金融最大手の武富士は、こんな過払い金請求に耐え切れず、2010年9月にさっさと会社更生法の適用申請を行い、過払い金減額カットへの道筋を付けてしまいます。また、資金繰りに窮した貸金業者は、こうした請求代行の弁護士と過払い金減額の密約を結ぶまでに至り（包括和解）、いよいよ過払い金もろくに返せないほど、サラ金業者は弁護士に食い物にされて縮んでいったのです。

さて、こうしたバブルと時を同じくして、06年から法科大学院から初の司法試験受験がはじまりました。しかし、このあと問題続出の事態を招きます。

法曹資格者（裁判官・検察官・弁護士）輩出のためのロースクールという位置づけでスタートした法科大学院制度でしたが、無駄に弁護士をふやしたのみならず、法科大学院からの司法試験合格者は低迷を極め、学歴不問の予備試験を経て司法試験を受けた人のほうが合格率が高いという珍現象を起こすのです。

◆食えない弁護士が続々と生まれてきた！

また、新規の弁護士がふえ、司法修習を終えても既存の法律事務所に所属できず、経験もないまま自宅で開業し、仕事もなく年収百万円未満という弁護士まで現れます。

かつて弁護士は、医者や公認会計士と並ぶ社会的地位をもち、平均年収も1500万円は下らない時代がずっと続いてきたものでした。

しかし、今や資格者が多すぎて需要は縮み、弁護士もどんどん食えない人が増えました。生活苦から依頼者の金を着服横領する弁護士まで現れ、大手企業の顧問弁護士として安定した高収入が稼げる時代も終焉してきます。つまり、需要と供給のバランスが崩れ、食えない弁護士がどんどん生まれるようになったのです。

◆ボケた親だからこそ公正証書遺言を作らせ、「遺産独り占め」を推奨する！

「過払い金取り戻し」のバブル旋風のあとにやってきたのは、ボケ老人を抱える家族に「遺産の独り占め」を推奨する悪徳ビジネスです。遺産の多い老親をもつ子供は、相続を受ける兄弟が多いと、一人当たりの相続遺産も減ってしまいます。

減らさないようにするには、老親の介護を実際に自宅で行うケースの多い長男や長女が、老親が寝たきりでボケはじめた時を狙い、他の兄弟達にはすでに生前贈与している――などとウソの遺言書を作らせ、悪徳司法書士や悪徳弁護士と結託して、公正証書遺言にしてしまえばよいわけです（公証人も相続額が多いほど手数料も稼げ、出張料も加算になるので喜んで老親の病床まで出張してくれます）。遺言書の中身（遺産分割割合）は、あらかじめボケ老親を囲い込んでいる子供が、自分に都合のよい配分で、司法書士や弁護士と打ち合わせて作り、公証人とも打ち合わせをすませてもらいます。これで、どんなに認知症が進んだ被相続人であろうと、出張してきた公証人は、稼ぎのほうが大事なので公正証書にしてくれます（東京の公証人の年収は2～3千万円が相場）。実際の相続発生時には兄弟間で揉めますが、そこでも弁護士は稼げるので、マッチポンプ商売になるのです（法務大臣任命の公証人は全国に5百数十人おり、検事や判事の定年退官後の仕事です。独立採算制で70歳定年のため、金の亡者となって荒稼ぎに走るのです）。こんな制度は改廃すべきなのです。

弁護士の新しいシノギとは？

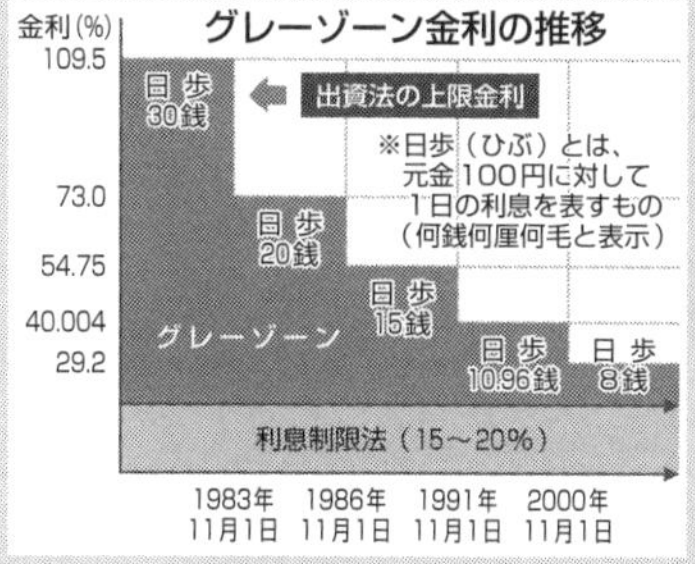

2016年「司法試験」合格ランキング

順位	法科大学院名	合格者数	合格率
1	予備試験合格者	235	61.5%
2	慶應義塾大法科	155	44.2%
3	早稲田大学法科大学院	152	35.8%
4	東京大法科大学院	137	48.0%
5	中央大法科大学院	136	29.4%
6	京都大法科大学院	105	47.2%
7	一橋大法科大学院	63	49.6%
8	大阪大法科大学院	42	26.7%
9	神戸大法科大学院	41	32.2%
10	九州大法科大学院	36	28.8%

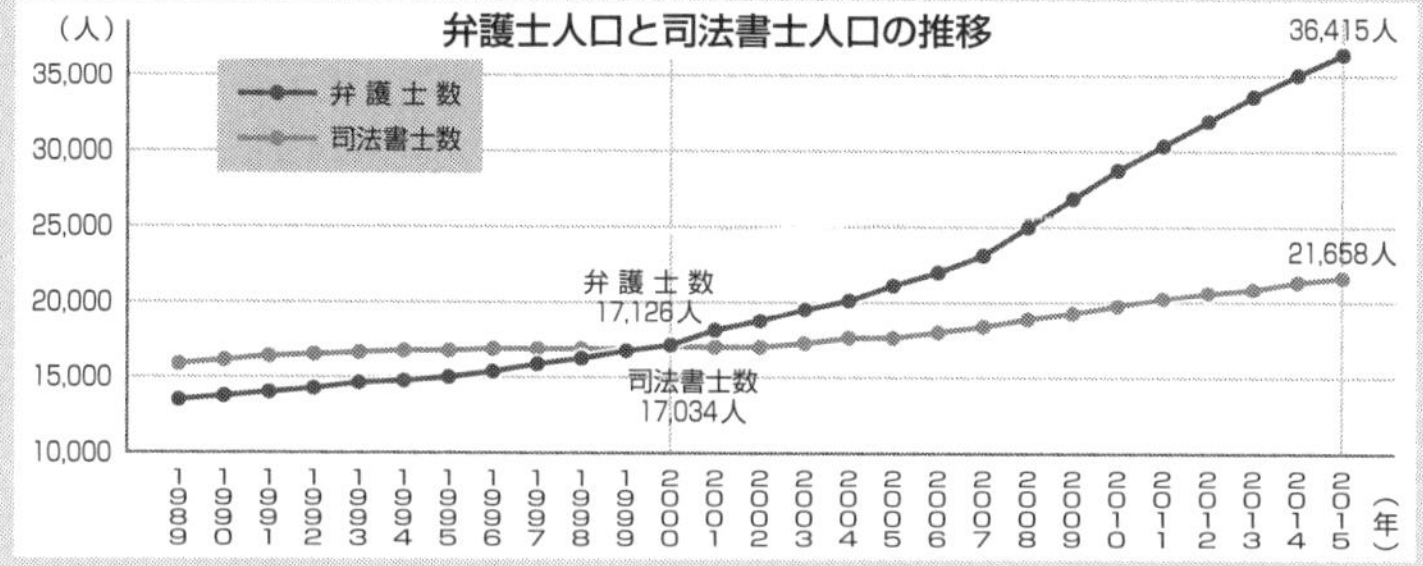

FILE 19

【健康サロン】誰でも施術が行える危なっかしい実態

◎無資格でお手軽開業できる「リラクゼーション業界」の魑魅魍魎!

◆誰でも「施術」が行える「危なっかしい実態」を厚労省が放置!

街中では、「カイロプラクティック」「整体」「リフレクソロジー」「リラクゼーションセラピー」「エステティック」「足裏マッサージ」「タイ古式マッサージ」「クイック○○」…などの看板やチラシをよく目にします。

こうしたサロンの常連客になっている方も少なくないでしょう。

いずれも、10分千円単位での料金とか、結構な高額料金です。セット料金で数万円などもありますが、最近は60分2千円などの格安業者も出てきました。

予約で一杯の繁盛店から閑古鳥の鳴く店まで、元手要らずの腕一本商売なのでお手軽開業も目立ちます。住宅街でも、カンバンを掲げ、施術ベッドひとつあれば開業コストも抑えられます。高齢者宅への出張施術だけで稼ぐ業者なら、ネットにＨＰだけ作れば間に合います。あとはチラシを撒くぐらいです。

人柄がよく、そこそこの施術がお客に気に入られれば、儲かる商売だからです。

ちなみに施術者は何らかの国家資格を有していると誤解しがちですが、そうした資格は一切ありません。

有資格者を標榜している場合でも、民間のトレーニング学校で自由に作られたハッタリを利かせるのが目的の、無根拠の「民間資格」にすぎません。

ただのコケオドシの資格です。自分一人で勝手に作り標榜している人もいます。

これらの業態は、憲法22条「職業選択の自由」の条文の下、大らかに営業が許されているわけです。

基本的に保健所も厚労省も、管轄外の扱いであることに驚かされます。

◆なぜ「無資格」なのに人体に施術が行えるのか？

本来、人の体に直接行為を及ぼすこと（揉む・押す・圧迫する・刺す・熱する）は、医師の他には医業類似行為の国家資格者（骨接ぎの柔道整復師・あんまマッサージ指圧師・鍼《はり》師・灸《きゅう》師）にしか許されていない行為でした。

これらは、医療周辺行為として正式に国から認められているため、有資格者は、医師の同意があれば健保も使えるのです（料金は上限1500円程度までの患者3割負担で、保険診療だけでは旨味なく、自費診療と併用しないと儲けが出ない）。

◆「民間療法」としてなら何だってやってかまわない！

では、「カイロプラクティック」「整体」「リフレクソロジー」「エステティック」「足裏マッサージ」「タイ古式マッサージ」といった業種は、何なのでしょうか。

これらは、「医業類似行為」の範疇にも入らない「リラクゼーション」の扱いとなっているのです。いわゆる「民間療法」というやつで、人体に害を及ぼさなければ、何だってやれてしまうのです。そのため、変テコな、怪しい療法を名乗ってやっている人をたまに見かけることがあるでしょう。

ただし、医業類似行為になる「マッサージ」という言葉を使っている「タイ古式マッサージ」や「足裏マッサージ」は違法になります。名称を変えなければ、営業は許されない業態なのです。もっとも、取り締まりの実態は聞きませんので、放置プレイ状態です。

医業類似行為者である「柔道整復師、あんまマッサージ指圧師・鍼師・灸師」といった国家資格者になるためには、最低3年間（大学は4年）専門学校で学び試験を受けなければなりません。

民間リラクゼーション療法のほうは、手軽に開業ができるのですから、ある意味、国家資格者の業務独占権を大幅に侵害している業態ともいえるのです。

当然ですが、事故も起きています。カイロプラクティックで頚椎損傷、整体で肋骨骨折、エステのフラッシュ脱毛で火傷…などです。

事故が起き、被害が訴えられると警察が「医師法違反」で逮捕するという後処理対応になっています。タトゥー専門店が、お客の体に刺青を施しても、被害の訴えがなければ捕まらないのと同じ理屈なのです。

なぜでしょうか。

◆「最高裁判決」がお墨付きを与えていた！

1960年の最高裁判決が、「無届の医業類似行為が禁止処罰の対象となるのは、人の健康に害を及ぼす恐れのある業務に限定される」という判断を下したからでした。

これが錦の御旗となり、民間療法は、それをもってして事前に害を及ぼすもの――と決めつけることはできないという解釈になったわけです。

◆脱サラ独立開業に適した業種！

こうして、カイロも整体も、エステも、タイ古式マッサージも、堂々と営業が行われ、国家資格者のほうが、かえって割を食っている現状があるわけです。

もちろん、厚労省もまったくの無関心というわけではなかったのです。

１９９１年には、最も危険といわれるカイロプラクティックの施術に対し、健康政策局医事課長名で通達を出しています。

「カイロプラクティック療法における頸椎に対する急激な回転伸展操作を加えるスラスト法は、患者の身体に損傷を与える危険が大きい」として、警鐘を鳴らし禁止を促しました。

要するに、誰でも今日からこの手の商売ははじめられる――ということだけは認識しておきたいのです。

こうした業種にあっては、施術者が、人体の機能や構造をどこまで学んだかもわからない人たち――という認識であれば、過剰な期待をすることもなくなります。「自己責任」ということを忘れないことです。

ところでこの業界、高齢化社会やストレス社会を反映し、右肩上がりに伸びています。脱サラする人も多いのです。たぶん、麗しき世間の誤解の賜物なのでしょう。

業界は2派に分かれ手技も混在

国家資格保有・治療業界（医業類似行為・伝承治療技術）

業種	売上規模	資格保有者	全国施設数	備考	
柔道整復師（骨接ぎ 整骨 接骨）	500億円〜600億円	4万5,000人	1万前後	医師の同意で健康保険が使えるのは「骨折」「脱臼」「打撲」「捻挫」「肉離れ」など。	厚労省のマッサージの定義は「体重をかけて押す、もむ、たたく、摩擦するなどで、人体に危害を及ぼす恐れのある行為は有資格者でなければ行ってはならない」のだが、あいまいに解釈されている。 **推定1,200億円〜1,700億円市場**
あんまマッサージ指圧師	500億円〜800億円	18万3,000人	1万8,000前後	医師の同意で健康保険が使えるのは「筋麻酔」「関節拘縮」など。	
鍼灸師	200億円〜300億円前後	鍼14万8,000人 灸14万7,000人	1万前後	鍼師と灸師は別々の国家資格だが、両方の資格を持つ人が多い。 医師の同意で健康保険が使えるのは「神経痛」「リウマチ」「頸腕症候群」「五十肩」「腰痛症」など。	

無資格・リラクゼーション業界（無届の医業類似行為・民間療法）

業種	売上規模	施術者	全国施設数	備考
エステティック	3,500億円〜4,000億円	1万5千人〜2万人	1万4千前後	脱毛・美顔ダイエットなどで、もむ・さする・圧迫するといった手技のほか、オイル・化粧品・ダイエット食品なども販売するので売上が大きくなる。 ただし、設備などの開業資金や広告費がかさむため（2,000万円〜4,000万円）大手の寡占化がすすんでいる。
カイロプラクティック	150億円前後	1万5千人〜2万人	1万1500前後	もむ・曲げる・さする・押す・圧迫するなどの手技中心。 10分1,000円などで、間口を広げている。 開業資金が数百万円と安くすむため、乱立している。 **推定5,000億円〜7,000億円市場**
クイックマッサージ&リフレクソロジー	600億円前後		1万8千前後	
整体	600億円〜800億円前後	2万5千人〜3万人	1万5千前後	
タイ古式マッサージ	20億円〜30億円			
その他	40億円〜50億円			

FILE 20

【ビンボー歯科医師】歯医者は今や儲からない職業の代表格!

◎親知らずを抜きたがり「インプラント」を埋めたがる歯科医師の悲哀!

◆70年代~80年代は大儲けだった歯科医師がどん底職業に!

30年近く前のバブル景気の頃、脱税御三家といわれた職種は「歯科医・産婦人科医・パチンコ屋」の3業態でした。歯科医は、医師より儲かっていたのです。

歯科診療においては、70年代に新しい診療技法が加わり、健康保険の対象でない自費診療を望む人が多くなり、歯科診療所には患者があふれました。

予約がひっきりなしでレジには万札がうなったといいます。

ところが、90年代に入り、次々と保険診療の幅がひろげられたことで、高額な自由診療での儲けは期待できなくなります。そのうえ、厚労省は、歯科医師は不足と見立て、歯科大の新設、歯科大の定員増で、今日歯科医の数が毎年3000人単位で増えるまでの状況にしたのですから、業界はたまりません。

1982年と2015年を比較すると、医師免許保有者数と歯科医師免許保有者数は、いずれも1・6倍程度に増えています。しかし、医師のほうは、多くの診療科目を有する全体での数字ですが、歯科診療は事実上、単独診療科目での数字です。厚労省の統計では、2014年末の医師免許保有者数は約31・1万人、これに対して歯科医師数は約10・4万人です（日本医師会公表データでは現役稼働医師数は約17万人しかいない）。これではいくらなんでも多過ぎなのです。

30年前は、子供の9割に虫歯がありましたが、今では歯磨き習慣と早期治療の普及で半分以下に減っています。お客である患者の人数そのものも減少傾向なのです。しかも、一般の医療費は増えましたが、歯科の診療報酬は20年以上横ばいのままです。日歯連が、政治家へのヤミ献金をしたり、迂回政治献金事件を引き起こして逮捕者を出すのは、政治家に献金して診療報酬アップを働きかけるゆえんでもあります。

◆憧れの職業から転落し「借金」を背負い込むリスク大の職業に！

かつての脱税御三家は、いずれの業態も右肩下がりですが、今日とりわけ悲惨な状況に置かれているのは歯医者さんだったというわけです。

「結婚するならお医者さん」と、今でも未婚女性の多くが憧れるのが医者という職業ですが、医者は医者でも歯医者さんは、１９７０年代～８０年代頃は猛烈に稼げたものの、今では年間１６００件もの廃業が相次ぐ職業になっており、うち２～３割は「夜逃げ」や「倒産」といわれているのです。

厚労省は、そんな事態に慌てて、２００４年から、歯科医師国家試験の難易度を上げてきましたが、もはや手遅れでした。

厚労省の２０１５年の「賃金構造基本統計調査」によれば、全国の病院などに勤務する医師の年収が１０９８万円に対して、同じく勤め人の歯科医師の年収は６５５万円です。

◆コンビニよりも歯科診療所の数のほうが多い！

歯科医師の場合は、病院での診療科目になるところも少ないため、大きな病院である程度勤めると、自らが診療所を開業するケースが8割近くに及びます。

そのため、２０１６年時点で全国に約6万８８００の歯科診療所があり、約５万５０００店のコンビニの数より多くなっているのです。８０年代は、人口10万人当たり30数人だった歯医者さんが、今では80人近くもいるわけです。

◆歯科診療所の独立開業は「命がけ」！

ちなみに、6年制の歯学部卒業には、公立で6000万円、私立だと3000〜6000万円もかかります。私立に行くのは、親が開業医の場合も少なくないとはいえ、3000万円以上もの学費をかけたら、元を取るのも大変です。

それでも、開業医になれば、勤務医よりは儲かるはず——などと考えて開業する人が年間2000人は下らず、挙句に1600医院が毎年廃業する構図です。

歯科診療所のテナント代は、300〜500万円、床上げ配管や内外装工事に1500万円、医療機器に1200〜1500万円、広告費や開業時の材料費、事務機器費用、運転資金に1000万円は必要です。東京都内だと4000〜5000万円で毎月の家賃も割高です。ふつうの医院開業よりも金がかかります。

自己資金1000万円が工面出来たとしても、残り3000〜4000万円は金融機関からの借金です。診療所の経営が1年経っても、2年経っても軌道に乗らなかった場合、これはもうやっていけません。

健康保険対象の診療では儲かりませんから、自由診療をいかに増やすかが借金返済の決め手ともなります。

●保険診療だけでは借金返済は不可能な現実！

そのため、レントゲンで、「親知らず」を発見したら、歯周病や虫歯でなくても、ただちに速攻での抜歯提案となります。30分でうまく抜けば1万5000円になります（普通の抜歯は1本1300～4700円の収入ですが、埋伏歯は点数が高い）。

また、インプラントは、自費診療なので歯1本で40～50万円儲けられます。

1本9万円などの激安価格を打ち出して客（患者）を集め、何だかんだと追加料金で価格を釣り上げていく悪徳リフォーム屋や悪徳葬儀社のような歯科医院もあります。

しかし、こういう商売がうまくやれないと、夜逃げによる失踪や、自己破産という結末になってしまいます。

2014年12月、東京都北区で歯科医院を経営していた夫（56歳）に、1億円の借金があることを知った歯科衛生士の妻（51歳）が激怒、連日「自殺して保険金で借金を返せ！」と罵り、夫が自殺する——という事件がありました。

妻は「自殺教唆」でいったん逮捕後、書類送検されたものの1億7000万円の保険金を受け取ったそうですが、こういう事件も起こるのが歯科医師業界の地獄の現実なのです。厚労省の杜撰な政策の犠牲者であるとも言えるわけです。

歯科医師はあり余っている！

施設の種別にみた医療施設に従事する歯科医師数の年次推移

各年12月31日現在

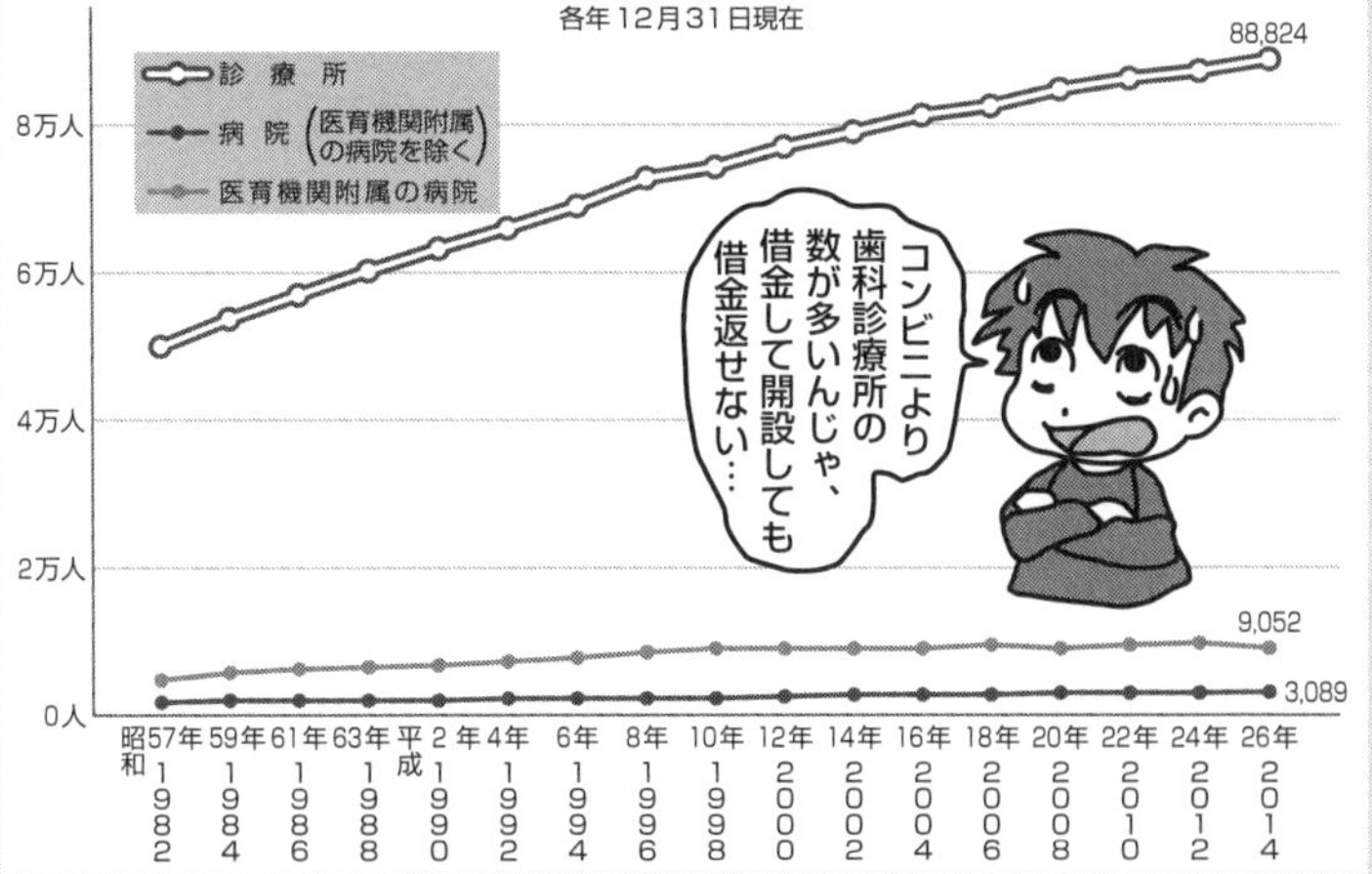

主たる診療科、施設の種別にみた医療施設に従事する歯科医師数及び平均年齢

各年12月31日現在	平成26年（2014年）			平成24年（2012年）			対前回		平成26年（2014年）病院		平成26年（2014年）診療所	
	歯科医師数（人）	構成割合（%）	平均年齢（歳）	歯科医師数（人）	構成割合（%）	平均年齢（歳）	増減数（人）	増減率（%）	歯科医師数（人）	構成割合（%）	歯科医師数（人）	構成割合（%）
総数	100965	100.0	50.4	99659	100.0	49.8	1306	1.3	12141	100.0	88824	100.0
歯科	88498	87.7	51.6	87208	87.5	51.0	1290	1.5	5427	44.7	83071	93.5
矯正歯科	3654	3.6	44.9	3544	3.6	44.2	110	3.1	944	7.8	2,710	3.1
小児歯科	2004	2.0	47.5	2008	2.0	46.5	△4	△0.2	460	3.8	1544	1.7
歯科口腔外科	4121	4.1	41.1	4062	4.1	40.4	59	1.5	3616	29.8	505	0.6
臨床研修歯科医	1910	1.9	27.3	2271	2.3	28.5	△361	△15.9	1652	13.6	258	0.3
不詳	778	0.8	53.2	566	0.6	52.8	212	37.5	42	0.3	736	0.8

注：複数の診療科に従事している場合の主として従事する診療科と、1診療科のみに従事している場合の診療科である。

資料：平成26年（2014年）医師・歯科医師・薬剤師調査の概況：厚生労働省

FILE 21

【個人情報】儲かる個人調査が堂々と行われるカラクリ!

◎個人情報保護法があるのに「探偵業」はなぜ商売できるのか?

◆「個人情報保護法」でプライバシーが守られると思ったら大間違い!

2003年5月に公布され、2005年4月から全面施行された「個人情報保護法」ですが、施行後10年経った2015年9月に情報通信技術の発達に伴って改正され、2017年5月30日より、いよいよ5千人分以下の個人情報を取り扱う小規模事業者も含めて、すべての企業を対象に全面施行されています。

マイナンバー制度との絡みもあって、個人情報の取り扱いは、さらに一段と厳しくなった形なのです。

ところで、「個人情報」や「個人情報保護法」という言葉は、日常生活では「うるわしき誤解」と「錯覚」が入り混じる、奇妙な言葉にさえなっています。

たとえば、「その件は、私の個人情報だから、お答えいたしません」とか、「個人情報保護法で訴えるぞ！」とか、「どうして私のことを調べるんだ。個人情報保護法違反だぞ」などと極めて敏感に反応する人がいて、どうも「個人情報保護法」と「プライバシー侵害（個人の秘密、家庭内の私事などが侵されない権利、名誉棄損、侮辱、民法上の不法行為）」などとが混同されている場合もあります。

その反面、SNS関連においては、自分の生年月日、住所、氏名、写真などを平気でネット空間にさらす人もいて、「個人情報」が独り歩きすることに極めて鈍感なケースも見受けられます。

何かあっても法律で守られているから「安心」などと、「うるわしき誤解」や「錯覚」に彩られている人が多いのです。本来、個人対個人の関係性には直接及ばないのが「個人情報保護法」だからなのです。

◆「探偵調査業務」は届け出制になっている！

ところで、世の中には「探偵調査」「興信所」といった業種が存在を許されています。「浮気調査」「素行調査」「身元調査」「信用調査」「家出人捜索」「イジメ調査」「ストーカー調査」……など、世間では困った時に使うと重宝――といったイメージもあるとともに、かなり胡散臭い業務と思われる高額の商法でもあります。

実際、相当に胡散臭く、昔から法律違反なども平気で犯してきた業界ですから、2006年に「探偵業法」が成立、07年6月からは、「届け出制（2013年時点で5670件・2割が法人）」が敷かれているのです。そのため、本業が探偵でない便利屋の中にも、警察署経由で公安委員会に「探偵業」の届け出をして、尾行、張り込み、聞き込みなどの儲かる探偵業務を取り入れているところもあります。

実は、この商売、世の中での「個人情報」の取り扱いが過敏になるほど繁盛するといわれています。素人では、なかなか他人の「個人情報」を入手するのが、ますますむずかしくなってくるからです。

探偵業法の条文を読むと、差別的、犯罪的調査などが厳しく規制されていますが、現実に探偵業務に従事する人に言わせると、「法律違反をしないと、ほとんど仕事にならない業務ばかり」と言いますから、実際はかなりの矛盾をはらんでいる商売のようです。何事も建前と本音はつきものということでしょうか。バレなきゃいいさ——ということで、お客のニーズもガッチリつかんでいるわけです。

◆救済措置で延命できることになった探偵調査業界！

ところで、「個人情報保護法」が胆として規定する条文に、「個人情報の利用目的通知」というのがあります。しかしながら、探偵がお客から依頼を受けて、誰かを調査する時に、いちいちこんなことを被調査人に伝えているでしょうか。

たとえば、こんな具合です。

「此度、あなた様の身辺や経歴を、当方でいろいろ調べさせていただくことになりましたのでご通知申し上げます。この情報収集の目的は○○様からのご依頼を受けたもので、○○様以外の方には、あなた様の個人情報を提供することは一切ございませんので、どうかその点は、ご安心くださいませ」

こんなことを被調査人に告げたら、探偵調査ではなくなってしまいます。

そのため、なんと警察庁生活安全課局は、２００５年４月からの「個人情報保護法」が完全施行される直前であった同年2月の段階で「興信所業者が講ずべき個人情報保護のための措置の特例に関する指針」というものを出し、探偵業者の救済を図っていたのでした。

◆「探偵」の届け出さえあれば、都合のよい調査が堂々と行えるカラクリ！

救済策を講じたのは、次のような「個人情報保護法」第18条4項の「利用目的通知」を除外するための特例の要約だったからです。

★「対象者が、依頼者の配偶者（婚姻の届け出のない事実婚を含む）で、民法752条の義務その他法令上の義務の履行確保に必要な調査の時」……これで「浮気調査」がOKです。

★「対象者が、依頼者の親権に服する子で、民法820条の権利その他法令上の権利、義務の履行に必要な調査の時」……これで「家出人捜索」「イジメ調査」もOKです。

★「対象者が依頼者の法律行為の相手方で法律行為の判断に必要な調査の時」……これで「素行調査」「結婚調査」「身元調査」「経歴調査」「信用調査」「家出人捜索」など、あらかたの調査がOKです。

★「依頼者が犯罪その他不正な行為の被害を受け、被害防止に必要な調査の時」……これで「ストーカー調査」「素行調査」「犯罪調査」がOKです。

つまり、晴れて警察庁のお墨付きを得て、従来通りの探偵調査のすべての業務が「個人情報保護法」の「利用目的通知」の縛りに関わりなく行えるようになったわけです。「必要悪」ということで探偵業務にも目配りした警察庁だったのです。

探偵・調査業界は魑魅魍魎！

調査の種類

- 企業信用調査 ― 大手2社の独占
- 浮気調査
- イジメ調査
- 結婚調査
- 身元調査
- 素行調査
- 家出人捜索
- ストーカー調査

※企業信用調査を除き、特定個人を調べることが多い。
依頼人は個人に限らず、法人もピンキリで存在し、
元社員や現役社員の素行を調べる場合もある。

調査の2本柱は

- 内偵調査 ← 公簿や資料、聞き込みなどで調査する。
- 行動調査 ← 尾行・張り込みで一番儲かる！ 2人1組で1時間1.5～2万円。車両を使えば料金はハネ上がる。

探偵・調査業のトラブル事例はてんこ盛り

○ 依頼者の秘密や弱みに付け込み、追加調査をねだり、法外な料金を請求する。

○「調査屋」（買収した企業内通者から電話番号や預金残高情報を収集する専門業者）からの不法情報を買い、3～5倍の価格で依頼者に売りつける。

○ 被調査人に直接接触し、調査中と明かして調査に協力させ、報告書改竄代を請求。

○ 調査対象でもない企業に「調査依頼を受けた」と接近、報告改竄代を請求（化け調）。

○ 尾行・張り込み時間を水増し請求（5時間の調査でも15時間にして30万円請求）。

○ 公簿（住民票、戸籍簿、除籍など）を不正入手する（司法書士、行政書士、弁護士などの有資格者を買収して入手したり、関係者になりすまして入手する）。

○ 調査で得た秘密やプライバシーをネタに被調査人や依頼者をゆすって恐喝する。

○ 被調査人に尾行がバレ、逆襲されて、依頼人名をバラしてトラブルのタネを撒く。

○ 被調査人の郵便箱から郵便物を盗んだり、勝手に局留めにして郵便物を不正入手。

○ 不審な張り込みを長時間続けて住民トラブルとなり、被調査人にも調査がバレる。

○ 盗聴・盗撮の機器を勝手に他人の住居やオフィスに仕掛ける。

○ 尾行のためにＧＰＳ発信器を他人の車両に勝手に仕掛ける。

○ ゴミ収集所から被調査人のゴミを持ち去り、中身を調べてプライバシーを侵害する。

○ 他人の敷地や建物内に不法侵入し、無断で写真やビデオの撮影を行う。

○ 虚偽の報告書を作成し、被調査人の信用・名誉を損ない、法外な料金を請求する。

○ 虚偽の名刺で特定人物に成りすましたり、虚偽の事実を告げて秘密を聞き出す。

FILE 22

【ガス料金】なぜプロパンガス料金は高いのか?

◎円高・原油安のメリットが反映されていないプロパンガス料金!

◆プロパンガスが高い理由!

2016年4月から電力自由化(発電の自由化に続く小売りの全面自由化)が始まり、次いで2017年4月から都市ガス自由化(小売りの自由化)が始まりました。電力も都市ガスも、市場の競争原理がはたらくことで、これまでよりも電力やガスが多少は安く供給されるようになったわけです。

しかし、都市ガスの導管が行き届いている地域の住居に住む人にとっては、都市ガス自由化のメリットもありますが、プロパンガス(LPガス)利用の住居に住む人には、今のところほとんどメリットはありません。

驚くべきことに、日本全国で使われる家庭用ガスのうち、プロパンガス利用者の比率は5割を占めています(団地などの70戸以上のガス消費家庭に簡易設備でガスを発生させ導管で供給する簡易ガス事業を含む)。

都市ガス業者が全国に約200余社あるのに比べ、プロパンガス業者は、全国に約2万社もあります(ちなみにコンビニの店舗数は全国に5万5千店)。

にもかかわらず、現時点においてさえ、プロパンガス利用者は、都市ガス利用者よりも2~3倍も高い料金でぼったくられているケースが少なくないのです。

なぜ、プロパンガス利用には、そんなデメリットが付いて回るのでしょうか。

※プロパンガスは従来の都市ガス料金のような公共料金(国から許可を受けた総括原価方式)と違い、自由料金制で暗黙の談合で価格が高止まりしました。

※都市ガスの主原料はLNG(液化天然ガス)で供給が幅広く、都市ガス会社は自社タンカーで買い付けて製造・販売を行うものの、プロパンガスは供給が限定的で、原油価格に連動し、卸売り・小売りと段階があるため高くなりがち。

※賃貸住宅の場合、プロパンガスの設備導入時のコストをガス料金に上乗せしている。大家さんは導配管費用、給湯器費用(近年はエアコン代も)が浮き、その後の入居者のプロパンガス利用料でプロパンガス会社が回収するため高くなる。

※プロパンはボンベに充填し、人がトラックで一本ずつ運ぶので人件費がかかる。

◆円高・原油安のメリットが反映されていないプロパンガス料金！

ところで、1973年頃までは1バレル3ドルにも満たない低価格だった原油価格（WTI）でしたが、70年代の2度にわたるオイルショックを経て急激に上昇し、80年初めにはピークの30ドル台を付けました。

その後、原油価格は低迷して80年代後半から90年代にかけては20ドル前後をはさむ形で小刻みに上下するも、概ね安定していました。

しかし、21世紀に入ってからは、乱高下しながらも右肩上がりに値を上げ、ピーク時の08年半ばには140ドル近くまで高騰、その後は9月のリーマンショックを経て40ドル近くまで急落するものの、10年ごろには再び100ドルを超える水準にまで戻します。

そして、米国シェールガスの影響もあって、14年半ばから再び急落して乱高下し、15年半ばに60ドル前後まで戻すものの、再び下落して、16年2月には30ドル台の底値を付けて現在に至っています。

今は40ドル台が続き、50ドルの大台をなかなか越えられない動きとなっています。非資源国の日本にとっては、原油価格下落の恩恵は大きいのです。

日本人が海外旅行する際には燃油サーチャージがなくなり、ガソリンや灯油が安くなります。さらに円高が続けば、やがて燃料コスト減の恩恵で消費者向け各種石油関連商品の値下げにもつながります。国民にとってはよいこと尽くしです。

安倍政権にとってもデフレ脱却ができない言い訳が通ります（笑）。

●悪徳業者が跋扈するプロパンガス業界！

こうした円高と原油価格下落の多大な恩恵を受けているはずのプロパンガス業界は、「透明性」どころか、真っ黒の「不透明性」に覆われています。

まったくの「自由価格制」ゆえに、地域によっては、標準家庭での都市ガス料金の2倍から3倍近くも高いプロパンガス料金がまかり通っているのです。

標準的な家庭では冬場に月間30㎥程度のプロパンガスを使用するといいます（熱量は都市ガスの2倍なので都市ガスの場合では60㎥で均衡する）。

従量制料金の都市ガス（東京ガス）と某プロパンガスの料金差をご覧ください。

★東京ガスの基本料１０３６円＋単位料金１２８円×60㎥＝８７１６円
★某プロパンガス基本料１８００円＋単位料金６５０円×30㎥＝２１３００円

契約の時には、プロパンガス業者は「うちは基本料が1500円で単位料金が300円ですから、平均的ご家庭の冬場の30㎥でも1万5000円と、都市ガス料金と大して変わらないですよ」などと言います。

それを信じて契約すると、その後は、知らないうちに単位料金が30円、60円と、じりじり上げられていき、いつの間にか単位料金が500円、600円になるのですから、たまらない業界です。前述の某プロパンガス業者の21300円などと言う料金は、完全にぼったくり価格です。これを毎月毎月と続けて、数十年とやるのですから、悪徳商法もよいところでしょう。プロパンガスの仕入原価は輸入元売会社がコストとマージンを乗せても220円ぐらいで販売しています。

それを卸業者が、タンクローリーなどで小売店に運び、コストとマージンを乗せて300円ぐらいで販売しています。末端の小売業者はそれを仕入れて400円～450円で消費者に販売するという流れになっています。

必然的に、悪徳業者は小売業者に多くなり、卸業者が直接消費者に販売しているケースでは、良心的な価格になっている場合が多いのです。

都市ガス自由化の影響は、遠い将来プロパンガス業者の絶滅へと連なる道ですが、プロパンガス利用で、自分で契約ができる人は、業者の見直しが大事です。

都市ガスより高いプロパンガスの業界

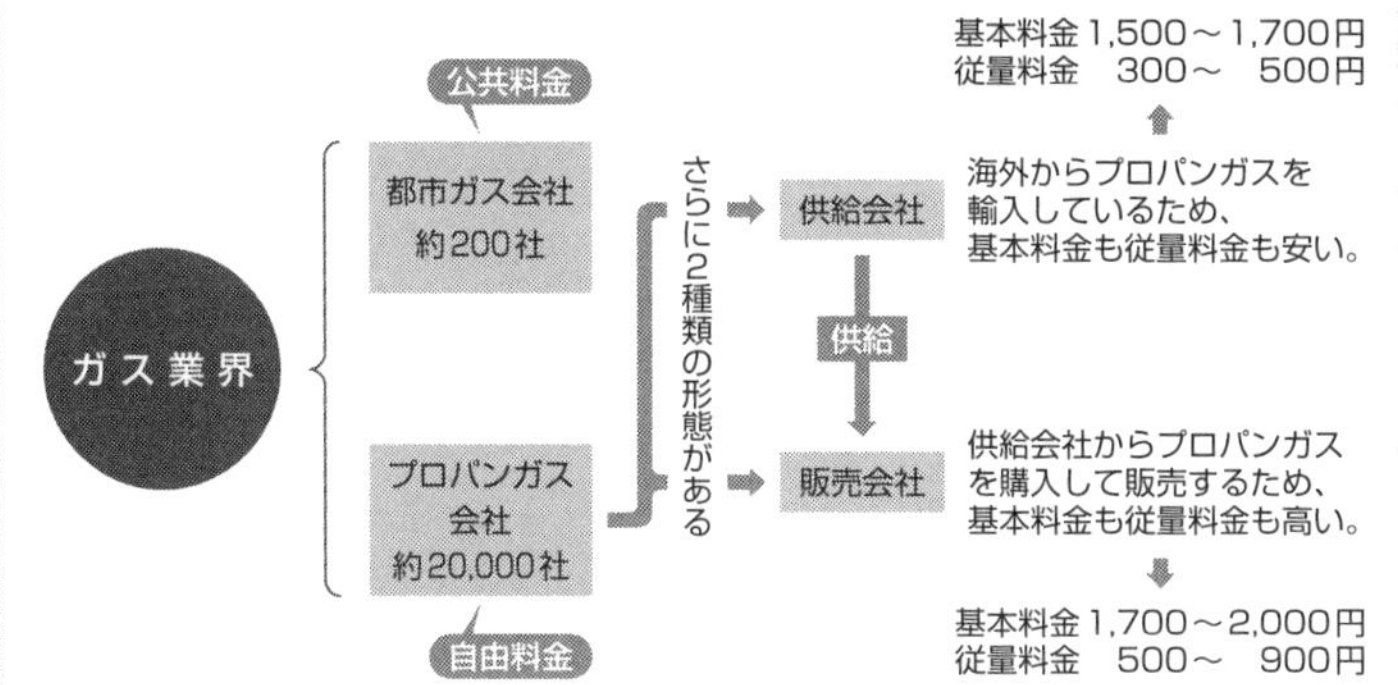

※従量料金とはガスを使った分に課される1㎥当たりの料金。

地域によってプロパンガスの料金は異なる

北海道	東北地方	関東地方	甲信越地方	東海地方
708円	615円	492円	546円	524円

※「石油情報センター」のデータに見る1㎥当たりの平均料金。

比較的安いといわれる関東地方での料金比較

ガス業界	ガス会社	基本料金		利用料金				合計	
プロパンガス	悪徳プロパンガス会社	1,800円	+	650円	×	30㎥	=	21,300円	
プロパンガス	良心的プロパンガス会社	1,500円	+	330円	×	30㎥	=	11,400円	← ほぼ同じ
都市ガス	東京ガスの場合	1,026円	+	157.42円	×	60㎥	=	10,471円	← ほぼ同じ

そもそも日本の都市ガス料金からして、イギリスの約2倍、アメリカの4倍で高止まり。

※いずれも消費税（8%）込みの価格。30㎥は冬場の平均的家庭の利用量。

※プロパンガスの熱量は都市ガスの2倍で火力が強い。
両者の料金はプロパンガス（1㎥）＝ 都市ガス（2㎥）で均衡する。

FILE 23

【くすり漬け】病気の基準値を厳しくするほど儲けが増える!?

◎ぼったくり製薬業界の繁栄はどこまで続く?

◆「最高血圧120未満」が治療目標という米国製薬業界の陰謀!

2015年に米国の国立心肺血液研究所が発表した、高血圧基準値「120未満を目標にすべし」という大胆な研究報告が、波紋を呼んでいます。

日本では、一時期「130未満」が基準値となっていたものの、現在では、高齢者が血圧を下げ過ぎると転倒して骨折を招く恐れがあることから、概ね140未満を目安とする治療が先進国では主流になっているからです。

肥満者の多い米国人との比較が、一律に日本人にまで当てはまるのか疑問ですが、米国の報告では、50歳以上の高血圧症と心筋梗塞のリスク患者9400人への3年間の追跡研究から導き出されたデータとなっています。

9400人に対して、血圧を「120未満」に下げる患者と、「130未満」に下げる患者の2群に分けた3年間の追跡結果は、「120未満」にした患者のほうが、心不全や心筋梗塞、脳卒中の発症リスクが「130未満」にした患者よりも、27％も低かったから——というものです。いずれにしろ、この手の研究報告を素直に受け止められないのは、これまでの医療業界、製薬業界のさまざまな過去の経緯から、欺瞞的な匂いがプンプンと漂ってくるからに他なりません。

◆日本は米国に次ぐ世界第2位の薬漬け国家！

意外に知られていませんが、日本は米国に次ぐ世界第2位の薬漬け国家です。米国の医薬品市場は、世界市場の4割弱を占める世界第1位の薬漬け国家ですが、日本も世界市場の約1割を占める薬漬け国家なのです。薬剤費がべらぼうに使われていることが窺われます。日本の場合、医薬品は約9割が医療機関向けです。国の医療費は、年々伸び続け、2014年度には40兆円に達し、2015年度には41・5兆円と伸び続けています。

2000年度と比べて、薬剤費は15年間で11・5兆円もの増加です。約40兆円の医療費のうち、薬剤費の占める割合は、ほぼ4分の1にまで達しています。2000年度と比べ、調剤薬局の薬剤料だけが2倍以上もの突出した伸びを示しているのです。もちろん、厚労省もほぼ2年毎に薬価を見直し、引き下げに動いていますが、薬剤費は下がりません。業界は、ジェネリック医薬品の浸透を阻むべく、薬価基準を巧妙にすり抜ける新薬もどきの製品への切り替えで、薬剤費を膨張させてきたからです。２０１４年に小野薬品工業が開発した悪性黒色腫（メラノーマ）の治療薬オプジーボは、２０１５年末に非小細胞肺がんにも適用可能となり、さすがに膨大な費用の拡大が懸念されたため、２０１７年２月からは薬価の50％引き下げという緊急薬価改訂がなされています。

この薬を使った肺がん治療には、患者一人当たり年間３５００万円もかかるとされていたからです。悪性黒色腫の対象患者数は４０００人程度だったため、高い薬価（日本では１００mg１瓶73万円ですが米国では30万円、イギリスでは15万円）が認められましたが、肺がん患者に適用拡大すると、10万人にのぼりますから、健康保険財政がパンクするからです。製薬会社は、どこも儲かっており、景気に左右されない業態である上に、特許切れによる収益減に備え、潤沢な内部留保を活かしての世界市場でのＭ＆Ａに邁進しています。

◆病気の基準値を厳しくするほど「儲け」が増える製薬メーカー

薬剤費が下がらない——という、もうひとつ理由は、製薬メーカーが、医師や医療機関と癒着した関係の中での、「病気の基準値を変える」というマジックがあります。高血圧症、糖尿病、高脂血症（脂質異常症）という3大慢性病の基準値は、これまで次々と改訂され、厳しくなってきた——という背景があるのです。

たとえば、日本での高血圧症の患者数は、１９８７年には１７０万人でした。それが、２０１１年には5・3倍の９０７万人にまで増えています。同様に糖尿病も、１９９０年の１５０万人が、２０１２年には９５０万人と6・3倍に増えています。高脂血症も１９９６年の９３０万人が２０１２年には１９００万人と2倍以上に増えています。１９８０年代までは、高血圧の基準は「年齢＋９０」といわれ、概ね１８０／１００と大らかなものだったのです（旧厚生省）。

それが、１９９３年にはＷＨＯ（世界保健機構）と国際高血圧学会が、１４０／９０を打ち出します。これで日本の高血圧症患者数はグンと伸び、１９９６年には７５０万人を突破しました。さらに２００８年には、日本高血圧学会が、１３０／８５の数値を正常値と定めたおかげで、患者数は９０７万人まで膨れ上がりました（２０１４年に１４０未満の基準に緩和された）。この基準値でいくと、潜在患者数（基準値を上回る人の推定）は、４３００万人といわれますから、製薬会社は笑いが止まりません。高血圧症の医療費だけで、2兆円となり、そのうちの9000億円が薬剤費となったのです。今では「成人の3人に1人が高血圧症」とWHOも警告する始末なのです。しょせん、WHOも各医学研究団体も、健康増進をうたう上での、共存共栄の構図があるゆえんです。

製薬メーカーの研究開発費は、他産業と比較して突出して高いことで知られますが（2017年の製薬メーカーの平均データでは売上の約18％を占め、自動車や家電メーカーの3倍強にのぼる）、実はこの中に医学界への潤沢な謝金が含まれているのです。日本製薬工業協会が公表した加盟72社の2013年度の医師など医療関係者への謝金額の総額は4793億円です。うち、研究開発費が2472億円、情報提供関係費が1405億円、学術研究助成費が536億円、原稿料が267億円、接遇費が113億円です。医者や医療研究者が、製薬メーカーに逆らえない構図がここにはっきりと見て取れるでしょう。近年、肥満の基準が、BMI基準に代わったのは、なぜ――と思われるでしょうか。これによって、太り過ぎの人だけでなく、痩せた人にも厳しく病気予防に駆り立てられるからです。

医療業界が、製薬メーカーの支配下に置かれている――という、こうした事実だけは、今後もしっかりと押さえて置きたいところなのです。

巨大な医薬品市場！

世界の医薬品市場（2015年）

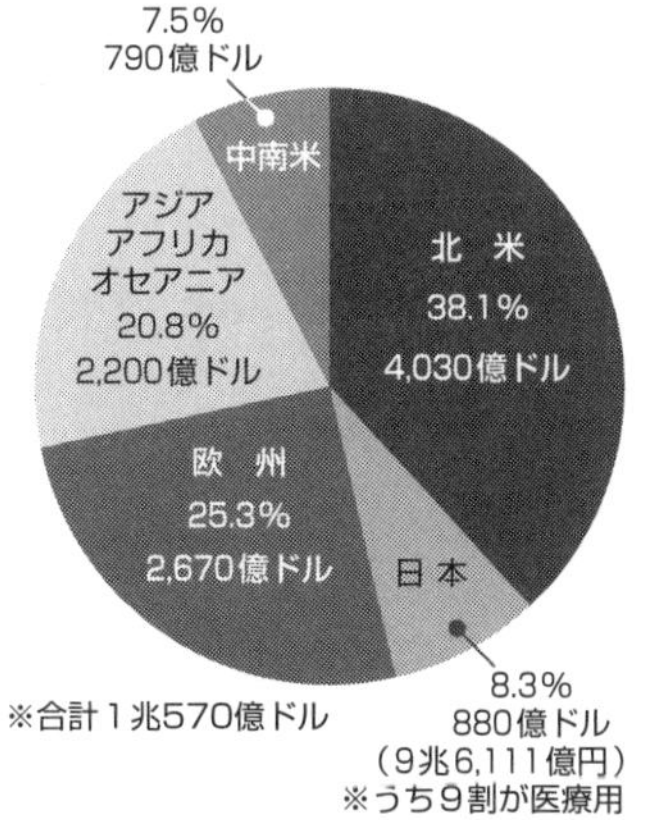

日本の３大慢性病の患者数

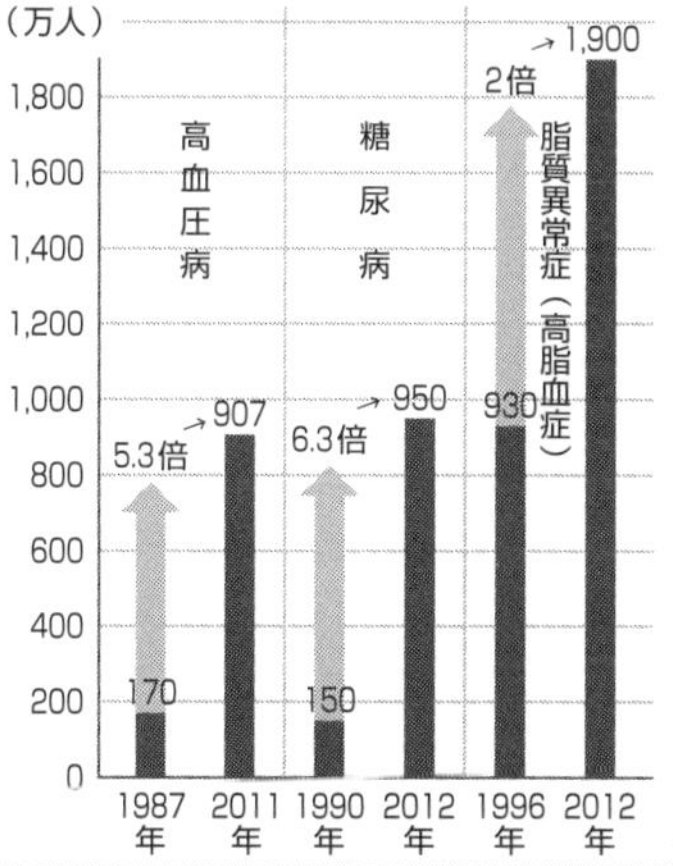

製薬メーカー世界ランキング（2016年）

順位	前年	社　名	国名	売上高	研究開発費
1	2	ファイザー	アメリカ	528億ドル	78億ドル
2	3	ロシュ	スイス	515億ドル	117億ドル
3	1	ノバルティス	スイス	485億ドル	90億ドル
4	4	メルク	アメリカ	398億ドル	71億ドル
5	7	グラクソ・スミスクライン	イギリス	379億ドル	49億ドル
6	5	サノフィ	フランス	375億ドル	57億ドル
7	8	ジョンソン・エンド・ジョンソン	アメリカ	334億ドル	90億ドル
8	6	ギリアド・サイエンシズ	アメリカ	303億ドル	50億ドル
9	10	アッヴィ	アメリカ	256億ドル	43億ドル
10	9	アストラゼネカ	イギリス	230億ドル	58億ドル
18	15	武田薬品工業	日本	159億ドル	28億ドル
20	21	アステラス製薬	日本	120億ドル	19億ドル
24	19	大塚ホールディングス	日本	109億ドル	15億ドル

※ジョンソン＆ジョンソン（総売上718億ドル）は医療用医薬品の売上でランキングした。

FILE・24

【空室・空き家】街角の不動産屋はなぜ潰れないのか？

◎何もしなくても儲かる「名ばかり管理」というオイシイ蜜の味！

◆人口減少によるサバイバル競争で市場は縮小・悪化の一途！

人口減少の悪影響が、ますます顕著になる内需産業ですが、私たちに身近な「衣食住」の分野では、住宅関連の不動産業界が最も大きな転換期を迎えています。

２０１７年６月の日本の人口は１億２６７４万人でしたが、20年後の３７年に１億１４００万人、36年後の２０５３年には１億人の大台を割り、９９２４万人になると推計されています（国立社会保障・人口問題研究所の中位推計）。

こうした人口減少・少子高齢化の影響を受けて、新設住宅着工戸数も減少気味ですが、すでに、日本全国では住宅があり余っています（74頁）。

全国の６０６３万戸の住宅ストック中、８２０万戸が空き家だからです。

このうち、賃貸住宅だけに限定しても、２０１３年時点で１８４１万戸中、

429万戸が空き家なので、空き家率は一般住宅よりはるかに高く、23%もの高率にのぼります。賃貸物件では、4物件に1件が空き家になっているわけです。

◆空室・空き家物件増加で青息吐息の家主が激増!

アパートやマンションを長く経営する家主さんたちからは、ここ10年で賃貸住宅の需給は急速に緩んでいる——という証言が数多く聞かれます。

例年2~3月の引越し繁忙期を外れて賃貸物件に空室が生ずると、内装・クリーニングをすませた後に入居者募集をかけても、半年程度の空室期間はザラで、中には1年以上にわたって空室のままという物件も少なくないからです。

当然、家賃の値下げ競争も激しさを増しています。

更新期を迎えた、ちゃっかり入居者の中には、「更新料をタダにして、家賃を10%下げてくれたら契約更新するけど、ダメなら退去する」と家主に申し入れをする人もおり、その要望もたちまち通ってしまうなど、入居者にとっては大変オイシイ激戦区もあるのです。莫大な借金をして、マンションやアパートの1棟物・物件を建てた家主さんの多くは、いまや戦々恐々という時代を迎え、日本全国の家主さん共通の悩みが、「空室・空き家」問題に集約されるに至っているわけです。

◆「30年間一括借り上げ」という大ウソでアパートを建てさせる！

そんな状況があるにも関わらず、「30年間一括借り上げするから安心」とばかりに宣伝して（サブリース契約）、アパートやマンションを建てさせる建設会社や不動産業者が多数跋扈しています。こうした業者は、家主に借金をさせて、安普請のアパートやマンションを建てさせ儲ける——までが目的で、あとは「30年間一括借り上げ」の契約を少しでも早く解約させることが次の主眼になります。

スタート時は新築物件ですから、苦労なく満室にできても、2〜3年も経てば、立派な中古物件で、家賃を下げないと入居者が埋まらなくなります。家賃は2年ごとに見直すサブリース契約ですから、訴訟を起こしても家主が負けます。

退去時のルームクリーニングや修繕は、担当業者に任せないと、これまた解約される特約が付いており、これがバカ高く、相場の2倍を請求されても文句が言えません。家主が頭にきて解約してくれれば、業者は万々歳だからです。

結局、毎月の家賃収入よりも借金返済の額が大きくなって、アパートやマンションは担保割れした価格で大損して売却することになります。こうした悲惨な目に遭う——にわか大家さんが続出しているのが、この業界のウラ事情なのです。

◆売却時の専属委任契約によって「手数料の両手狙い」で物件囲い込み!

不動産業界の商売は、どんどんセコクなっています。そのしわ寄せは「家主や消費者」に転嫁されます。まずは、売買事例から見ておきましょう。

不動産業者の売買時の手数料は、「売る人」「買う人」の双方のお客からもらう「物件価格の3%+6万円に消費税」が正規の手数料収入です。

当然ですが、「売り」と「買い」のお客を別々の不動産業者がつなぐ仲介の場合には、それぞれの不動産業者の手数料収入は自分のお客からの分だけで、これが標準的な取引です。しかし、手数料の両手狙いの業者も数多いるから困ります。

「売り主」に「専属売却委任契約」をもちかけ、他の不動産業者に売却依頼ができない契約を結び、物件を囲い込むのです。自分のところで「売り主」「買い主」の両手での売買契約にすれば、双方からの手数料収入がダブルで入るからです。

他の不動産屋から、問い合わせがあっても、その物件は現在商談中と偽装して、自分のところに直接「買いたい客」が訪れるまで、塩漬けにして囲い込むのです。

こうしておけばタナボタ収入になるからです。「売り主」にも、「買い主」にも、不利益なので外国では禁止ですが、日本では国土交通省が野放しにしています。

◆何もしなくても儲かる「名ばかり管理」というオイシイ蜜の味！

こんな悪徳不動産屋でも潰れないのは、家主からアパートやマンションの「管理」を請け負うオイシイ定収ビジネスが、この10数年で広がったからです。

ただし、ここでいう「管理」とは、マンションのメンテナンスや清掃を定期的に行い、管理人を派遣する通常の「マンション管理」とは、まったく別物です。

ほとんど何もしないのに「管理」と称して、アパートやマンションなどの1室から、1物件に付き家賃の5％の手数料を撥《は》ねるだけのことだからです。見回りも清掃もしなくても家賃から5％徴収し、クレームの時だけ対応する形です。

空室に悩む家主に名ばかりの「管理」をもちかけ、ピンハネする商売なのです。

おまけに、街の不動産屋は、家主がシリンダー交換済みの物件でも、入居者から勝手にシリンダー交換代（1万5千円程度）を徴収して鍵を交換したり、家主が頼みもしない火災保険に手数料目当てで契約させ、初期費用をつり上げます。

退去時リフォーム代まで上乗せ請求ですが、空室に悩む家主は文句も言えません。

「空室・空き家問題」の深刻化とともに、不動産業界は売買でも賃貸でも、今後はますます混迷を極めます。関わる時は騙されないよう十分用心してください。

悪徳不動産屋が行っている「名ばかり管理」の実態

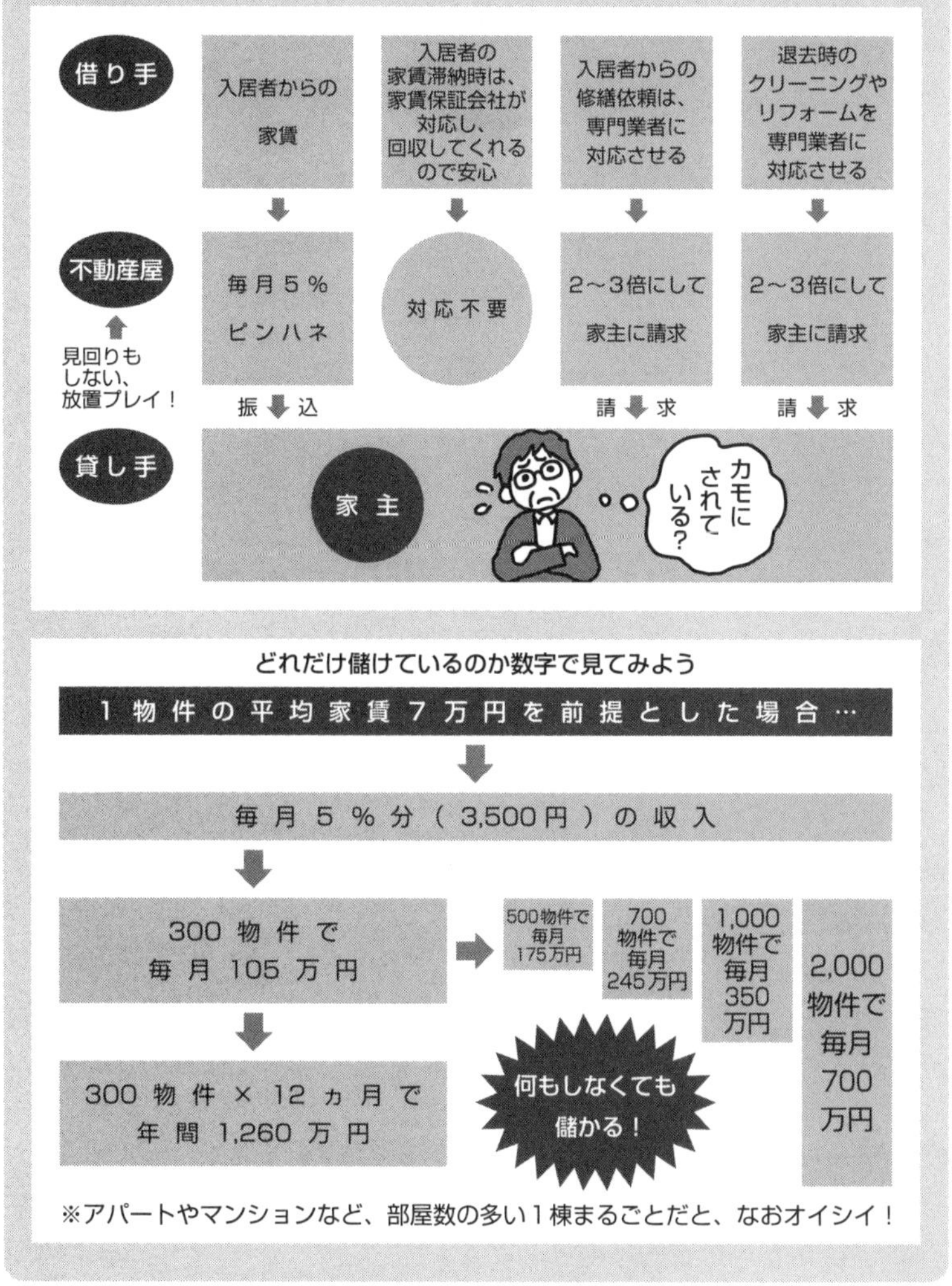

FILE 25

【奴隷労働】非正規雇用労働者を輩出する派遣法

◎格差社会をリードしてきた「一般労働者派遣事業」の怪しいウラ事情!

◆戦前の「タコ部屋奴隷労働」復活に向けてのスタート点!

人材派遣業などという呼び名の、労働者の賃金をピンハネどころか、ごっそり抜いて儲ける——賃金の中間搾取業があります。

この労働者派遣事業は、戦前にタコ部屋奴隷労働を横行させた反省から、戦後は職業安定法で禁じられてきたものでした。そもそも労働者の賃金を、第3者が不当に搾取する構造などは、あってはならない、許されないものだからです。

しかし、1986年の労働者派遣法の施行で合法化されました。

ただし、表向きは、専門性の高い13業務に限り、労働者派遣を認めるという建前でしたが、そもそもここがミソでした。

13業務とは、「ソフトウェア開発」「事務用機器操作」「通訳・翻訳・速記」「秘書」「ファイリング」「調査」「財務処理」「取引文書作成」「デモンストレーション」「添乗」「案内・受付・駐車場管理等」「建築物清掃」「建設設備運転・点検・整備」ですが、これで何でもやれてしまいます。OLの事務一般は「ファイリング」になります（それでも足りずに翌年には、「機械設計」「放送機器等操作」「放送番組等演出」の3業務を加えて16業務にしています）。

これでひとまず、すでに違法状態で業務を行っていた現在の大手派遣会社に連なる企業は、違法業務ではなくなりました（建前上は派遣でなく業務請負と称し、本来は派遣先の指揮命令下にあってはならないのに実際は野放しだった）。

◆産業界におもねり労働者の中間搾取構造づくりへ一直線！

96年には、派遣業務に「研究開発」「事業の実施体制の企画・立案」「書籍等の制作・編集」「広告デザイン」「インテリアコーディネーター」「アナウンサー」「OAインストラクション」「セールスエンジニアの営業」「放送番組などにおける大道具・小道具」「テレマーケティングの営業」の10業務を加え、26業務にしています。産業界の要請に基づき、企業が、戦前のタコ部屋奴隷労働の行える環境へと規制をどんどん緩和していく、いつもの行程だったわけです。

◆リーマンショックまではウハウハの業界だった！

99年には、派遣対象業務を「建設」「港湾運送」「警備」「医療」「製造業務」を除いて原則自由化します。その後も毎年のように緩和が繰り返されます。

04年3月からは工場などの製造現場まで派遣が認められ、もはや何でもあり状態で、「ネットカフェ難民」と呼ばれる日雇い派遣労働者までを大量に生み出しました（2012年から日雇い派遣は原則禁止された）。

一般企業はいつでも都合よく首切りが出来る派遣スタッフの活用を広げていきます。派遣会社も、労賃のピン（1割）ハネどころか、5割ハネ、6割ハネで儲かるため、活発な宣伝活動で業務を広げます。競争激化で人件費のダンピング合戦も盛んに行われ、真面目に働く派遣労働者は「いい面の皮」だったのです。

派遣業界の市場規模は、2000年に1・6兆円に及び、05年には4兆円、さらにリーマンショックが起こるピーク時の2008年には、7兆8000億円まで急伸したのです。大手企業までが派遣会社を次々設立して、自社の派遣需要を自前でも満たします。派遣会社からの与党への政治献金、パーティー券購入、秘密の接待パーティーなども盛んに行われました。

一般企業にとっても、派遣会社にとっても、派遣労働者の存在は、便利で重宝です。

いつでも首が切れる、交通費の支給がない、福利厚生の負担がない、社会保険の企業負担分がない（現在は派遣会社側の厚生年金・健保加入がひろがった）、年齢・経験を考慮せずに賃金は一律にできる、退職金が要らない……からです。

派遣会社は禁止されている業種への派遣や、無許可無届け営業、偽装請負、２重派遣、女子の容姿をランク付けして企業に売り込む、禁止されているはずの派遣先企業への履歴書提示、派遣先企業への事前面接（「会社訪問」などと称して今でも平気でやってる派遣会社が少なくない）……といった違法行為のオンパレードなので、派遣業法の規制など「なんちゃって規制」にすぎなかったわけでした。

◆２つの業態で問題が多いのが一般労働者派遣事業！

ちなみに派遣会社の業態には、２種あります。派遣労働者を常時雇用する特定労働者派遣事業で、これはＩＴやエレクトロニクスの設計といった技術系の派遣で俗にアウトソーシングと呼ばれる業態です。かつては届け出制でしたが、今は許可制です。一方で本稿で問題とするのは主に一般労働者派遣事業のほうです。

派遣先企業に仕事がある時だけ労働者を雇い、派遣する許可制の業態なのです。

◆非正規雇用労働者輩出のリード役「一般労働者派遣事業」は不要な存在！

ところで、2012年の派遣業法改定で生まれた「労働契約申し込みみなし制」という規定は、一般派遣労働者の不安定な非正規雇用を「正規雇用」に導くという大変よい規定でした。前述の通り違法行為を繰り返す業界にあって、「禁止業務への派遣」「無許可・無届業者からの派遣受け入れ」「派遣可能期間超えの派遣」「偽装請負」などがあった場合は、派遣先企業は派遣労働者を直接雇用することを申し込んだとみなす――という規定だったからです。

ただし、違法派遣のオンパレードでしたから、実施期間を3年繰り延べし、2015年10月からにする――という規定だったのです。

結果として、どうなったかと言えば、政府与党は、2015年9月の国会で労働者派遣法を改定し、2015年10月スタートの規定を直前で潰しました。

多額の政治献金をもらっているのに、放置したら正社員だらけになって大変なことになるからでした。いずれにしろ、政府与党も産業界も、正規雇用が増えることは望まないからです。便利なIT社会になった今日、一般労働者派遣事業などという形での中間搾取業態は不要なのです。全面禁止すべきといえるでしょう。

労働者を蝕む人材派遣業という寄生虫ビジネス！

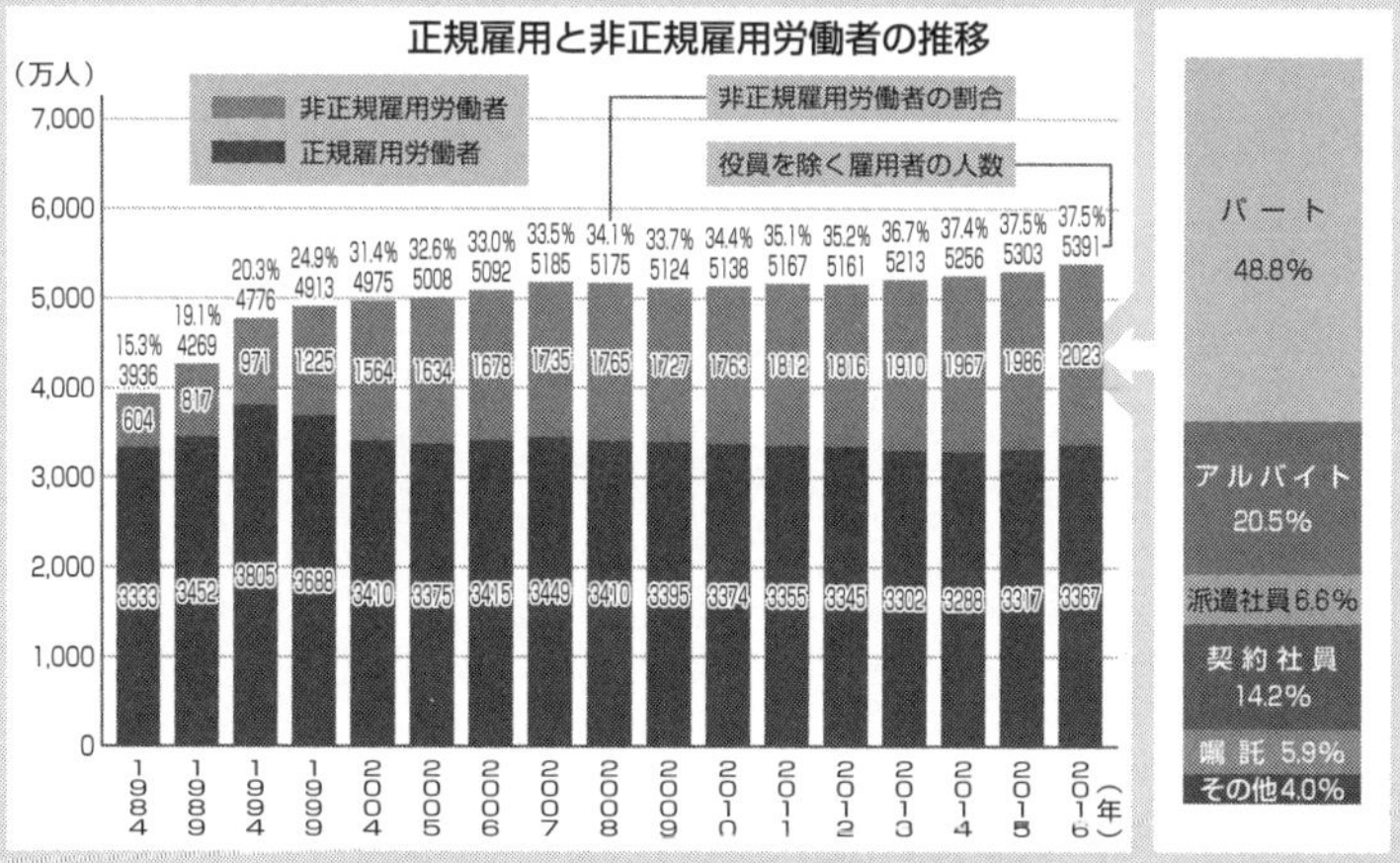

資料：「非正規雇用」の現状と課題：厚生労働省

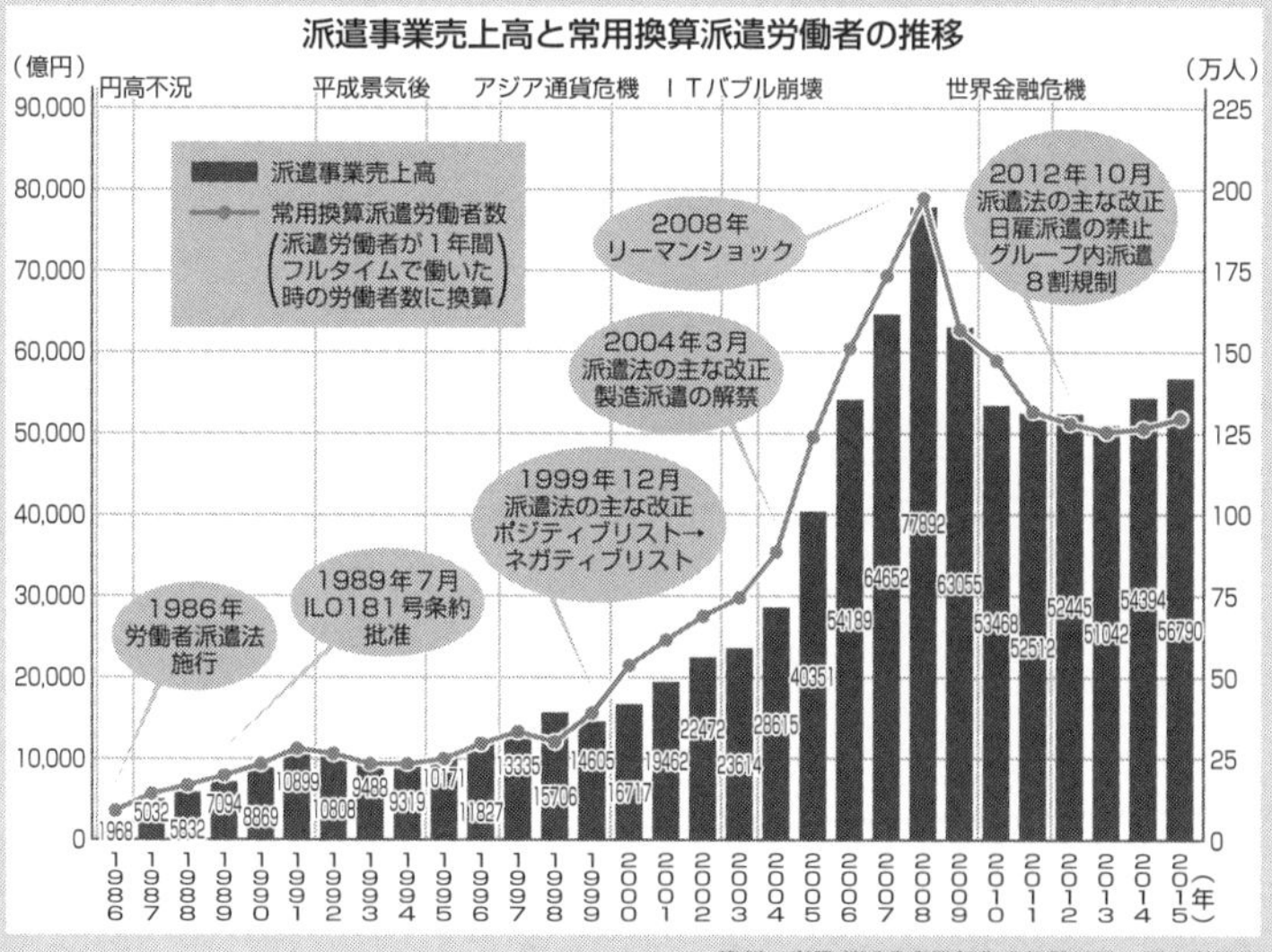

資料：労働者派遣事業報告書集計結果：厚生労働省

FILE 26

【大企業優遇税制】ろくに税金を払っていない巨大企業

◎「消費税」を払っていないどころか「戻し税」で儲ける輸出が主力の大企業

◆大企業とマスメディアはなぜ「消費税率アップ」に反対しなかったのか?

2014年4月に消費税率は5%から8%になりました。さらに、2015年10月からは10%へ引き上げ予定でしたが、17年4月へと延期させ、さらに16年6月には、19年10月まで2年半延期すると安倍首相は表明しました。

世界経済の不透明感が増していることなどが理由でしたが、いまだにデフレから脱却できないアベノミクスの大失敗が、景気の腰折れで決定的になることを避けたかったからにほかならないでしょう。何しろ消費税率アップは、小売業をはじめ一般消費者への影響は甚大だからです。

政府・財務省は、将来の社会保障の財源を確保するうえで、所得税や法人税の増税は適切ではなく、負担の公平性からも消費税率を引き上げることこそがベストと強調してきました。そして、財界や大手マスコミも消費税増税はやむなしのポーズを決め込んできました。

輸出大企業中心の財界にとっては、消費増税は大きなメリットがあるから当然でしょう。つまり、非常に不公平なカラクリによって（後述）、莫大な権益を享受しているのが輸出大企業だからです。

◆大手マスメディアも「消費税率アップ」に逆らえないウラ事情！

また、大手マスコミも消費増税でうかつに政府に楯突つことはできません。これまで政府から戦後に国有地を格安で払い下げてもらい、テレビ局放送免許を独占的に付与され、激安の電波利用料で儲けさせてもらっているからです。さらに経費で飲み食いしても「取材上の交際費は非課税」と処理しているので、下手に消費増税に反対して業界の談合体質を突つかれたり、財務省から経費水増しの常習ぶりを税務調査で暴かれると大変だからです。過去にもマスコミの申告漏れや所得隠しの脱税は多数あったので、再び追及されることは避けたいところでしょう。

財界と大手マスコミは、もともと広告宣伝関係でがっちりつながっています。特権階級同士は、「阿吽の呼吸」で政府と一枚岩になるゆえんなのです。

◆輸出が主力の大企業は消費税をロクに払っていない！

これまで日本では、「欧米と比べ消費税率が低いから上げる」という論理が支配的でした。しかし、欧米では食料品など生活必需品が非課税になるなど、所得の低い人には負担のしわ寄せがいかないような工夫があります。日本では、何から何まで一網打尽に消費税を徴収しますから、現行の８％でも生活者の実質的負担は欧米以上に高いのです。逆進性が高く、所得再分配機能も働かない租税立法上の「応能負担原則」にも反するのが消費税なのです。ゆえに、所得が低く貧乏な人ほど日常生活は苦しくなるわけです。

しかし、輸出で稼ぐ大企業には輸出還付金制度という特典があります。

これは、海外販売分では消費税が発生しないことを理由に、仕入れの際に支払った消費税分を「輸出戻し税」というかたちで還付される制度です。これにより、部品材の仕入れの際に子会社や下請けに「買い叩き」をして、ロクに払ってもいない消費税でも、「払ったもの」として、税務署から還付金を得ることができます。

消費税が５％（国税４％）だった時にも、例年３兆円強が大企業に還付され、消費税収の毎年13兆円が国庫に入る時には、10兆円前後となっていました。

一方、下請けの中小企業は大企業向けでは納品価格に消費税分を載せられずカットされるため、納品価格の内税分の消費税を払うことになります。消費税は赤字でも払わなければならないため、中小企業は青息吐息なのです。

◆驚くほど巨額になっている消費税の還付金額（輸出戻し税額）！

消費税率5％だった2010年度の大企業の推定還付金は以下のとおりです。

※トヨタ自動車：2100億円強	※ソニー：1100億円強
※日産：1000億円弱	※東芝、キャノン、ホンダ：700億円台
※パナソニック、マツダ：600億円台	※三菱自動車：500億円台
※新日鉄：300億円台	

そして消費税率が8％（国税6・3％）の2016年度には、トヨタが3633億円、日産が1546億円などで、消費税収23兆円のうち還付金額は6兆円に及びます。

消費税収23兆円でも、国庫の実収はたったの17兆円です。消費税率がアップするほど、輸出大企業はろくに払ってもいない消費税の還付で儲かります。まるで輸出奨励金なので、そのうち米国トランプ政権も目をつけるでしょう。
そして大企業にとって税金でトクをする状況は、消費税だけに限った話ではありません。法人税もろくに払っていないのが実態なのです。

◆大企業の法人税実効税率は高くない

大企業もマスコミも「日本の法人税・実効税率は高い」と唱え、安倍首相も2016年度に30％を切る29・97％にして、2018年度には29・74％にするとしていますが、大企業の多くはこの実効税率さえまともに払っていないのです。なぜなら、もともと企業にはさまざまな減税措置があるからです。

国税庁が公表した2013年度の「資本金階級別の法人税（国税）の状況」によれば、実質的な法人税率は以下のようになっています。

※全企業平均：15・66％
※資本金1千万円以下の単体法人：13・6％
※資本金1千万円超1億円以下の単体法人：17・6％
※資本金1億円超10億円以下の単体法人：22・3％

※資本金10億円超の単体法人及び連結法人：14・6％
（うち資本金100億円超の単体及び連結法人：13・6％）

資本金100億円超の大企業と資本金1千万円以下の零細企業が、たったの13・6％という同じ税率なのです。これに地方税7・38％を加えても、法人税・実効税率は20・98％にしかなりません。これは2013年度の実績として国税庁が公表したものですが、実際には2016年度から法人税の実効税率は表向き29・97％と、13年度（34・62％）と比べ4・5％も下がっていますから、16年度なら資本金10億円以上の大企業は、実質的な法人税負担率は10％さえ切った可能性さえあります。すると実効税率は19％前後で、激安の法人税です。世界の法人税実効税率は、表向き次の通りですが、少なくとも日本の大企業の場合、実際の税負担率は、これより10％前後低くなっているわけです。

米国38・91％、フランス34・43％、ドイツ30・18％、オーストラリア30％、メキシコ30％、日本29・97％、ポルトガル29・5％、イタリア27・81％、オランダ25％、韓国24・2％、アイスランド20％、トルコ20％、イギリス19％、チェコ19％、ポーランド19％、ラトビア15％、アイルランド12・5％です。

日本の29・97％から10％前後を差し引くと、実質的な負担率は法人税が低いといわれるイギリス、チェコ、ポーランド並みの19％前後となります。

消費税を引き上げて負担を家計に押し付け、大企業には消費税に加え、法人税も大サービスし、与党は大企業から政治献金の見返りをもらう構図なのです。

こうしたことを、政府や大企業と結託した大手マスメディアは報じません。

企業法人税の軽減特典は、ざっと挙げれば「連結納税制度による所得金額の減少措置」「受け取り配当金の所得不算入」「外国子会社配当金の所得不算入」「所得税額控除」「外国税額控除」「試験研究費税額控除」などです。大企業ほど特典が多く受けられるのです。大企業は、正社員を減らして非正規雇用を激増させ、人件費を削って内部留保（利益剰余金）も膨らむ一方で、2017年には、大企業の内部留保は、400兆円を超えています。GDPの8割に迫る巨額なのです。

「日本の法人税の実効税率は高い」という嘘を垂れ流してきたマスコミや大企業、政府与党の罪は重いのです。法人税率は、これ以上下げる必要などないのです。

そもそも、大企業経営者などの金持ち優遇策で引き下げてきた累進所得税率こそ上げて、とっとと消費税は廃止すべきといえるのです。

大企業は消費税も法人税もろくに払っていない！

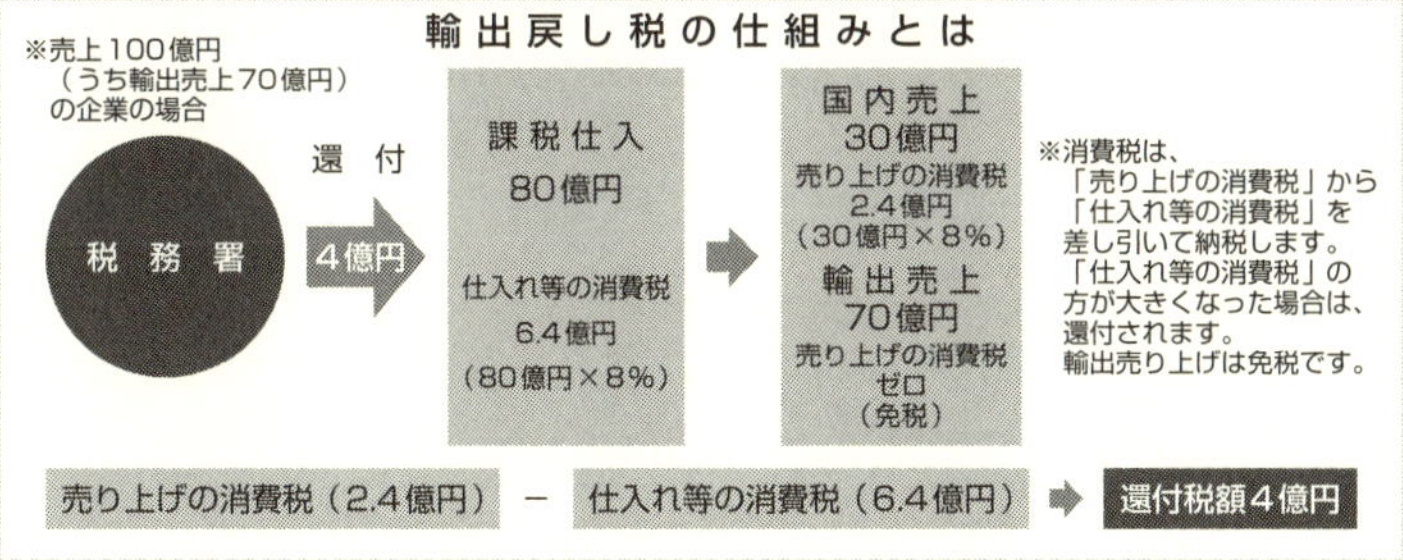

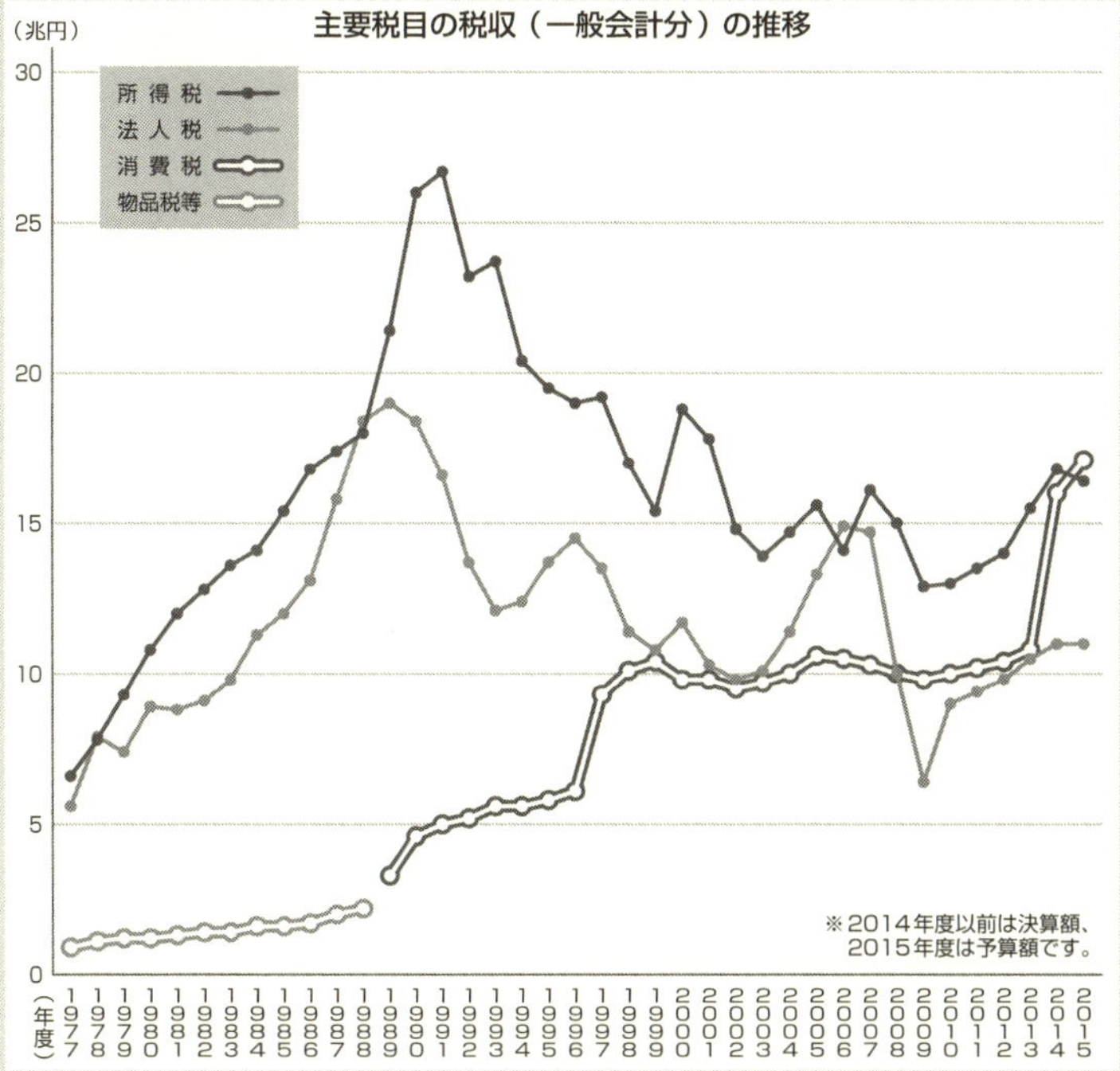

資料：主要税目の税収（一般会計分）の推移：財務省

FILE 27

【当たる占い師】的中していると思わせる暗示テクニック!

◎お客が「自分の扱い方」を教えているだけのスピリチュアル実情

◆被暗示性の高い人が自己肯定感を低くするとカモネギに!

世の中には、「占いは古代から連綿と伝わる統計学です」などと告げられて納得する人がいたり、「あなたの前世は、中世のイタリア貴族で名前はアントニーです」などと、スピリチュアリスト(霊能者)に告げられて、「そうか、だからパスタが好きなんだ」などと素直に感心する人がいます。

こういう人たちは、無邪気に他人の言うことを信ずる被暗示性の高い人です。そんな人が、失恋したり、仕事で大失敗して落ち込み、自己肯定感を低くした時は、注意が必要でしょう。

占いやスピリチュアルは、「疑似科学」の衣をまとっています。

現代科学でも証明できない不思議なこと、神秘的なことは、この世にはいくつも存在しますーーなどと堂々と告げて、人々を煙に巻くためにです。

憲法22条では、公共の福祉に反しない限り、何人も職業選択の自由を認められていますが、占い師やスピリチュアリストといった職業の人の中には、「そのご託宣は公共の福祉に反するのでは？」と思えるような人がいますから、少しは警戒しておいたほうがよいでしょう。

人は、何かの拍子にこうした神秘の衣をまとったものに、すがりついてしまうことがあるからです。

不幸や不運が続いたり、人間不信に陥ったりすると、宗教にすがったり、占い師やスピリチュアリストといった赤の他人に頼ったりしがちだからです。

自分に自信がもてなくなった時には、怪しい人たちの格好のカモになりやすいので、けっして近寄らないようにすることが一番の防衛策なのです。

◆現実に当てはめて考えれば「非科学的」な暗示現象にすぎないとわかる！

占いが当たるなら、投資やギャンブルで大儲けができそうですが、そんな話は聞きません。霊能があって死者と交信できるなら、警察に協力して行方不明者の捜索にでも当たってほしいところですが、日本では、そんな美談も聞きません。

何の根拠もなく、合理的な証明が一切なくても、ただの思いつきや経験則から導かれる言葉のレトリックで、人々の心を翻弄《ほんろう》し、ひたすら金儲けに邁進する人がいるので騙されないようにしていただきたいのです。

◆的中していると思わせる暗示テクニックの「バーナム効果」！

占い師やスピリチュアリストと称する人たちは、目の前のお客の心を読んだように振る舞うことが巧みです。

実際には、お客の心など読めないのですが、客に「当たっている。心が読まれている。なぜ自分のことが、こんなに当たるんだろう」と思い込ませるテクニックには長けているからです。

「バーナム効果」と呼ばれる暗示テクニックについて紹介しておきます。

占い師やスピリチュアリストは、まず最初に、目の前にいるお客だけに、自分の「持てる能力」を集中させていると見せかけます。

占い師の場合なら、お客の生年月日を詳しく調べたり、人相や手相を子細に観察する作業になります。水晶玉をかざしてお客の顔をのぞき込んだり——といった前フリの作業がここでは重要なのです、オンリーワンたる目の前のお客だけに集中して作業していることを、お客に意識させなければならないからです。

続いて行うのは、誰にでも当てはまることを、目の前のお客にだけ当てはまるかのように、厳かに告げることです。

「あなたは孤独ですね……」「対人関係に悩みがありますね……」「心がリラックスして本当に落ち着ける、ということが最近少ないですね……」「周囲に本当に心を許せる人がいませんね……」「自分の思いが他人に伝わらないことで、もどかしくなることがありますね……」などと、お客の表情を読みながら、かましていくのです。

誰にでも当てはまることでも、自分の心の中を観察したかのように告げられると、「そうだ、これは当たっている」などと思ってしまいます。

◆お客は「自分の扱い方」を占い師に教えているだけ！

お客は、「当たっている」と思えば、つい、「なぜ、わかりました？」などと答え、反応するものです。占い師やスピリチュアリストは、その表情を読み取るのです。あとは、その部分にターゲットを絞り、思わせぶりなセリフを続けます。

◆「信頼関係」＝「ラポール」が形成されれば「依存心」が芽生える！

もう一つの暗示テクニックもお伝えしておきます。人は、自分の表面的なイメージと正反対のことを言われると、自分の心の中を見透かされたように思う——ということです。「本当のあなたは……」と伝えていく手法です。

「本当のあなたは、けっしていいかげんな人ではなく、とても真面目な人ですね」

これは、表面のネガティブイメージと反対のことを告げてあげるとよく効くのです。

誰だって自分を肯定的に思いたいですから、自分の内面をわしづかみにされたように思えます。自分の内面をよく知る相手への信頼感が形成されるのです。

これを「ラポール」と呼びます。医者と患者のような関係性が築けるのです。

占い師やスピリチュアルな人は、赤の他人でよく知らない人です。

こういう人たちの日常の生活を知っていたら、到底信頼感など湧かないはずですが、相手が厳かなユニホームをまとい、神秘的な装いでふるまうほどに「ハロー効果」がはたらき、視覚に映る「権威」がひときわ輝く——ということなのです。

ここで全面的に相手の言うことを信じるようになると依存心が芽生えます。

相手の言いなりでお金を巻き上げられてしまうので、危ないわけです。

占い師や霊能者はラポール作りがうまい！

ラポール → **絶対的信頼関係** → 医者と患者の関係のように、患者は何でも自分のこと（秘密を含む）を医者に打ち明けてしまいます。このような強固をつながりの関係をいいます。

ハロー効果 → 美人やイケメンは、顔のよさだけで、知能や性格もよい人物と思われます。

このように何か際立ったよい特徴があると、人物全体に後光が射したかのように、よいイメージが形成されることを「ハロー効果」といいます。

「予約が取れない売れっ子占い師」「いつも行列が出来ている占い師」といった評判や口コミといった社会的評価も「ハロー効果」を生み出します。

帽子や衣裳に凝り、いかにもベテラン風の演出をかもすことでも、「この占い師は当たりそう」「この占い師はスゴそう」という「ハロー効果」が及ぼせます。


バーナム効果 → 誰にでも当てはまることでも、

「あなただけに該当すること」のように、もっともらしく告げられると、心の中を見透かされたように感じてしまいます。

「当たっている！」と思い当たるフシがあると、抽象的な言葉と自分に起きた具体的な出来事を勝手に結びつける傾向があるからです。

他人からイメージでとらえられているだろうタイプと反対のことを「本当のあなたは○○ですね」とプラスイメージにしてあげることでも心の中を見通す力のある人と思ってもらえます。


上記のような心理テクニックをうまく活用することで、占い師や霊能者は、短時間でお客との関係にラポールを築き、お客からの信頼や依存を取りつけていきます。

FILE 28

【激安高級品】高品質ブランド品の原価は1〜2割!?

◎アウトレットモールというオイシイ業態が成り立つウラ事情!

◆「アンカーリング」による「刷り込み」現象!

「アンカーリング効果」という心理学用語があります。

アンカーは、船の錨《いかり》のことです。船は錨を降ろすことで係留されます。

その地点から、動かずに留まることになるわけです。

値引き交渉などの場面で、こちらから先に「4割引きなら買います!」などと先制攻撃でアンカーを降ろしてしまうと、相手はその価格に引きずられます。

「いや、そんな安い価格じゃ、とても売れませんよ。無理です!」と突っぱねられるのです。

しかし、「それなら結構です。私は4割引きでしか買いませんから!」と断固としてアンカーを降ろしたままでいるとどうでしょう。

すると、とうとう相手のほうから誘い水をかけてきます。「じゃ、2割引きでならどうです？　それならいいでしょ？」などと譲歩してくれるわけです。

それでもなお、こちらは頑として、「いや、4割引きじゃないなら結構です！」とはねつけます。

すると、「わかりました。じゃ特別に3割引き！　もうこれ以上は無理です！　買っていただかなくても結構です」などと相手も言い出します。

これがギリギリの価格ということなのでしょう。

「よし、3割引きなら買おう！」となって商談成立です。

東南アジアの土産物店などでは、こんな値切り交渉がよく見受けられます。

◆高級ブランド品は「高品質・高級」という人々の「思い込み」が命！

高級ブランド品にも、この「アンカーリング効果」がはたらいています。

人々は、「高級ブランド品は、高品質で、長持ちする。だから価格もそれなりの金額なんだ！」という麗しい思い込みがアンカーとして刷り込まれています。

高くて当たり前——と思っているのです。だから高いのによく売れます。

ゆえに、高級ブランド品を持っていると、「お、○○ブランドだ！」という周囲からの注目を惹き、優越感にも浸れます。

「ウェブレン効果（顕示作用）」がはたらくわけです。

しかし、高級ブランド商品は、もともとリーズナブルな価格でないことだけは確かです。

粗利益率が高いのは原価が安いからで、だからこそ精巧な偽物が安く大量に出回ります。

精巧な偽物が出回るブランド商品は、儲けが大きいからに他なりません。

ゆえに、高級ブランドショップは、店舗でのバーゲンをやりません。

「売れ残ったらやっぱり安くなる」という印象をお客にもたれると、高級ブランドとしてのイメージに傷がつくからです。

ゆえに、アウトレットモールの存在が必要となるのです。

◆アウトレットモールにも「希少性原理」をはたらかせている！

アウトレットモールは、高級ブランド商品などを低価格で提供する店舗を、1か所に集めてモールを形成したショッピングセンターのことです。

アウトレット（outlet）とは、もともと「出す・排出する」の意味があり、米国では、もともと工場の一角で、工場での生産品を直接販売する——などの形態を指していました。

その後、1980年代の米国では、高級な衣料品やアクセサリーの規格外品、流行遅れ商品、訳あり商品（使用に問題のないわずかな傷がある欠格品、通販で返品された商品、半端モノ、棚ずれ商品など）を専門に販売する店舗が生まれます。これに売れ残り商品も混ぜるようになり、やがて売れ残り品が中心の店に育っていったのです。高級品が、安く買えるなら、消費者は喜びます。

しかし、これらの店があちこちに点在していたのでは不便ですし、高級ブランドの本来の店舗とのイメージもあるため、1カ所に集積させるようになるのです。

こうしてモールを形成するようになったのが、高級ブランド品専門のアウトレットモールのそもそもの始まりだったわけです。

◆高級ブランド品の原価が1～2割だから成り立つアウトレット！

日本では、1990年代にアウトレットモールが登場しています。

ちなみに、出店店舗には、ブランドメーカーの直販店舗である「ファクトリー・アウトレット」と、小売店がメーカーから仕入れた在庫品を処分するための店舗である「リテール・アウトレット」の2種類があり、「ファクトリーアウトレット」の店舗では、ブランドメーカー自身が、アウトレット向けに作ったオリジナル仕様を少し変えた商品も販売しています。

高級ブランド商品は、もともと原価が1割〜2割ですから、アウトレットモールで4割引き、5割引き、あるいは7割引きで売っても利益が出るのです。

ただし、高級ブランドの通常店舗が都心の一等地にあるのに対して、アウトレットモールは郊外の、観光地や高速道路沿いなどに位置しています。

遠くで販売しないと、高級ブランド品の通常店舗との差別化が図れないからです。観光バスやクルマで行かないと、そう簡単には買えないようにしているのです。通常店舗と競合したら大変なことになるため、こういう「希少性」の戦略も織り込んでいるのです。

わざわざ、アウトレットモールにまで出かけ、好きなブランド品をまとめて大量買いする人々が大勢いることが、高級ブランド品の面目躍如たるゆえんです。

日頃から、高級ブランド品を崇めてくれる人たちがいるからこそ成り立つ、とてもズル賢いウラ事情なのです。

アウトレットモールはズル賢いビジネス！

高級ブランド品の付加価値

原価	付加価値
5〜20%	80〜95%

アウトレットモール
売れ残りなどを
アウトレットモールで
30〜70%OFFにして
販売する

← マニア
← 観光客

全国のアウトレットモール

北海道のアウトレットモール
三井アウトレットパーク 札幌北広島
千歳アウトレットモール・レラ
ウイングベイ小樽

東北のアウトレットモール
三井アウトレットパーク 仙台港（宮城）
錦ケ丘ヒルサイドモール（宮城）
仙台泉プレミアム・アウトレット（宮城）

北陸・甲信越のアウトレットモール
軽井沢 プリンスショッピングプラザ（長野）
三井アウトレットパーク 北陸小矢部（富山）
八ヶ岳小淵沢リゾートアウトレットモール（山梨）

東海のアウトレットモール
土岐プレミアム・アウトレット（岐阜）
御殿場プレミアム・アウトレット（静岡）
ラグーナ蒲郡フェスティバルマーケット（愛知）
三井アウトレットパーク ジャズドリーム長島（三重）

関東のアウトレットモール
あみプレミアム・アウトレット（茨城）
大洗リゾートアウトレット（茨城）
佐野プレミアム・アウトレット（栃木）
那須ガーデンアウトレット（栃木）
レイクタウンアウトレット（埼玉）
三井アウトレットパーク 入間（埼玉）
三井アウトレットパーク 木更津（千葉）
三井アウトレットパーク 幕張（千葉）
酒々井プレミアム・アウトレット（千葉）
ヴィーナスフォート アウトレット（東京）
グランベリーモール（東京）
三井アウトレットパーク 多摩南大沢（東京）
三井アウトレットパーク 横浜ベイサイド（神奈川）

中国のアウトレットモール
三井アウトレットパーク 倉敷（岡山）
広島フェスティバル・アウトレット マリーナホップ（広島）

関西のアウトレットモール
三井アウトレットパーク 滋賀竜王（滋賀）
大阪南港ATCタウンアウトレットマーレ（大阪）
岸和田カンカンベイサイドモール（大阪）
三井アウトレットパーク 大阪鶴見（大阪）
バーリーゲイツ りんくうプレミアム・アウトレット店（大阪）
りんくうプレミアム・アウトレット（大阪）
三井アウトレットパーク マリンピア神戸（兵庫）
神戸三田プレミアム・アウトレット（兵庫）

四国のアウトレットモール
クールス・モール（愛媛）

九州・沖縄のアウトレットモール
マリノアシティ福岡（福岡）
鳥栖プレミアム・アウトレット（佐賀）
沖縄アウトレットモールあしびなー（沖縄）

FILE 29

【マルチ商法】ネットワークビジネスが成り立つウラ事情！

◎原価率が低く付加価値の高い商品を扱う儲かるシステム

◆一見合理的に見える仕組みのMLMビジネス！

「ネットワークビジネス」という言葉をご存じでしょうか。

ネットといってもインターネットとは直接関係がありません。

いわゆる「マルチ商法」のことですが、昨今ではこう呼ばれます。

発祥地の米国では「ＭＬＭ（マルチレベルマーケティング）」と総称されるビジネスのことです。ただし、このマルチ商法というのは、ふつうのビジネスとは違い、「ネズミ講」に商品を介在させた仕組みの販売組織のことをいいます。

日本ではネズミ講は１９７８年に「無限連鎖講の防止に関する法律」ができて禁止されましたが、マルチ商法は合法です（特定商取引法で一定の条件下で認められている）。

まずは、ネズミ講のほうから紹介しておきます。

もともと「講」というのは、日本の江戸時代からあった「相互扶助」を目的としたお金絡みの集団や結社を意味します。メンバー各自が、毎月決まったお金を出し合い、まとまった資金をメンバー各自が交代で優先的に使えるシステムです。

純粋に経済的な相互扶助を目的とした「無尽講《むじんこう》」や「頼母子講《たのもしこう》」から、伊勢神宮や富士浅間神社へ参詣する資金を優遇し合う信仰中心の「伊勢講」や「富士講」がありました。ネズミ講の場合は、ネズミ算式にお金が増えていく――いう由来から、昔からある「講」の名を付け、ネズミ講という言葉が生まれたわけです。

185頁の図をご覧いただくと、ネズミ講は、組織の広がりに限界がありますから、必ず最後は破綻してしまいます。

ところが、マルチ商法は、ネズミ講のように主体となっているものが金銭配当ではありません。ゆえに破綻するとは限らない仕組みになっているのです。

ベースになっているのは、あくまで商品販売システムのほうで、商品販売が主体で金銭配当の部分は単に付随しているものにすぎないからです。

したがって、一見すると、非常に合理的に見える販売システムでもあるわけですが、とんでもない仕組みなのです。

◆原価率が低く付加価値の高い商品だからこそうまく機能する！

たとえば、ネットワークビジネス（マルチ商法）の扱う商品は、無数にあります。宝石、アクセサリー、化粧品、洗剤、浄水器、調理器具、美容家電製品、羽毛布団、日用雑貨、自動車用品、健康食品、健康器具……などなど。

ざっと眺めただけでも、分野は多岐にわたっています。消耗品もあれば耐久品もあります。ただし、ネズミ講のような金銭配当の仕組みを一部に取り入れる必要がありますから、付加価値の高い商品でないとうまくないのです。つまり、原価が安い商品です。宝石は原価が安く加工で付加価値を付けられますが、貴金属ではうまくないのです。

家電製品であっても、薄型テレビのような激安競争の起こっている商品では駄目で、機能にちょっとした差別化を凝らして、価格も高いのか安いのか素人に判別できないような商品（超音波美顔器だとか、遠赤外線の出るマッサージ機など）、あるいは付属する消耗品の注文で儲けられる超音波電動歯ブラシなどに限られるでしょう。

ネットワークビジネスの仕組みについては、185頁の図をご覧ください。

◆ネットワークビジネスの罪作りな仕掛けとは？

185頁の図では、健康器具を例に説明していますが、この仕組みに介在させる商品は、マージンを十分にとれる商品でないとうまくいかない理由がわかります。

マージン分は、自分が最初に1台購入した時は、定価で買いますからゼロです。

自分が子に売った分の粗利33％と、孫の代から15％、曾孫の代から7％が還元されることになります（孫と曾孫からの分がいわゆる不労所得で「特定利益」と呼ばれます）。

つまり、この商品の価格構成には、33％＋15％＋7％＝55％分のマージンが組み込まれているわけです。商品を提供するメーカー（すなわち胴元）は、組織のマージンを引いた45％が仕切り価格ということになっているのです。

「じゃあ、不当に高く商品を買わされているのか？」ということになりそうですが、一般商品の流通網でもこういうことは多かれ少なかれ、起こっていることなので、一概には断定できません。

たとえばメーカーが、希望小売価格1000円の化粧品を問屋に卸す時、600円だったとします。問屋は100円のマージンを取り、小売店が300円を取る仕組みなら、小売店の利益は3割ですから、時には客寄せのために2割引きにすることもできるという按配です。小売店の手数料が多いほど、小売店は喜ぶゆえんです。

◆大学生や家庭の主婦が狙われ借金地獄に陥る！

新入学シーズンになると、大学に入学したばかりの1年生あたりは、ネットワークビジネスの勧誘員から、こうした説明を聞かされ、「なるほど、消費者にも利益を還元するという仕組みは素晴らしい」などとうっかり単純に感心してしまうわけです。1台販売するごとに自分は33％が確実に儲かります。

さらに、もし自分から商品を買ってくれた人が誰かに1台売ってくれたら、さらに不労所得が15％転がり込んできます。「勝手に組織がひろがればこんなにオイシイ仕組みはない！」などと飛びつくわけなのです。欲深な人間ほど嵌《は》まります。

しかし、文字通り、そうは問屋が卸さない仕組みになっているのです。大体、友人に何かの商品を買ってもらうだけでも大変です。そうそう売れないのです。

おまけに、こうした条件を維持するためには、自分の直販成績が3か月間で5台以上なければならない――などと資格査定基準が設けられており、そのため、資格を維持するためだけに、やがては在庫を抱える羽目にもなります。

仕入れ代金のために借金を重ね、友人には無理に商品を薦めるので嫌われた挙句、最後は借金地獄にも陥る――といったウラ事情には事欠かないわけです。

ネットワークビジネスのまやかしの仕組み！

ネズミ講の仕組み

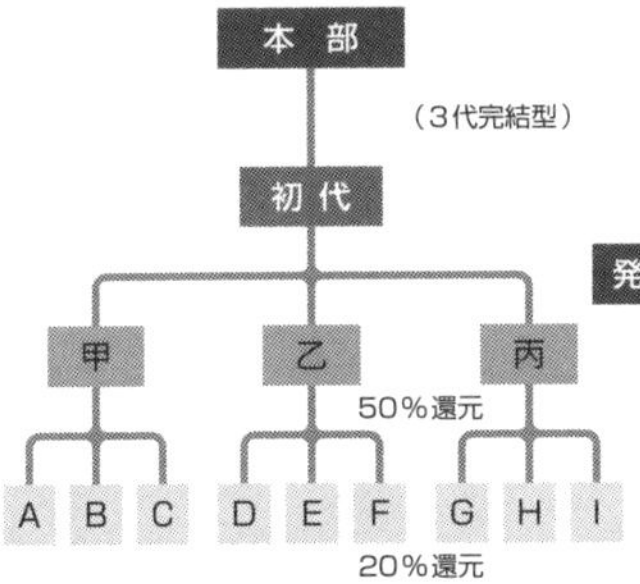

①初代が本部に50万円を振り込む。

②初代は3人の会員（子）を勧誘する。子の甲乙丙は本部に50万円ずつ振り込む。この時初代には子が納めた額の50％（50万円×3人の50％）の還元となり、75万円が本部から支給される。この段階で投資額50万円は回収され、25万円が儲けになる。

③さらに、甲乙丙の子がそれぞれABC、DEF、GHIと3人ずつ会員（孫）を勧誘し、孫がそれぞれ本部に50万円ずつ収めると、初代には20％（50万円×9人の20％）が還元され、90万円が本部から支給される。

④この段階までで、初代は75万円と90万円の合計165万円が支給される。はじめの投資50万円を差し引いても、115万円儲かったことになる。

⬇

配当が親・子・孫の3代で完結するシステムだとしても、常に本部は会員1人当たりにつき15万円（30％）が儲かる仕組みとなる。

※ただし実際にはこのように、ピラミッドは作れない。子や孫をうまく勧誘できない人は当然、投資金額が戻らず損をすることに！　つまり、バクチと同じで胴元の本部だけが儲かる仕組み。

発展形 ➡

ネットワークビジネス（マルチ商法）の仕組み

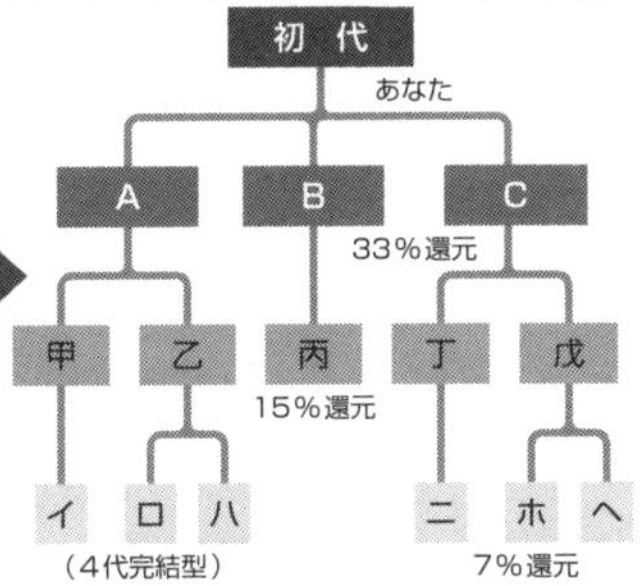

①15万円の健康器具をABCの3人に直接売ると、各々からその33％（計14.85万円）が還元され、自分が購入した分の元が取れる。

②ABCの3人が甲乙丙丁戊に売ると、各々から15％（計11.25万円）が初代に還元される。

③甲乙丁戊の4人が6台売ると、各々から7％（計6.3万円）が初代に還元される。

⬇

つまり、最初に3台売って元を取り、その後さらに17.4万円儲かる。

ネットワークビジネスの市場規模

2013年売上 ➡ 9,260億円

※月刊ネットワークビジネス：2014年3月号より

企業数 ➡ 1,300〜1,500社 ※推定

会員数 ➡ アクティブ会員250万人前後

※うち、女性が7割

消費者会員230万人前後

※うち、女性が9割

取扱商品の売上構成比

統括企業 45％			ディストリビューター（販売分配）組織 55％
⬆ 製造原価 10〜15％	⬆ 販管費 20〜30％	⬆ 営業利益 5〜10％	⬆ ※この部分に販売システムを組み込む

FILE 30

【坊主丸儲け】住職や神主はどうやって稼いでいるのか?

◎宗教法人は「脱税やり放題」というウラ事情は本当か?

◆宗教法人の認証は厳しくなってきた!

2016年時点の単位宗教法人の数は、全国に約18万1246もあります。包括宗教団体は、法人399、非法人76で団体数は475になります。

従事する僧侶や神官の数は、寺院が約30万人、神社が約7万人です。

寺院は、葬式、戒名、法事などの需要があるので多いのです。キリスト教の神父や牧師は極端に少なく、従事者は5000~6000人程度と推計されます。

このうち国や自治体への毎年の活動報告をしていない休眠法人が約1万3400もあり、近年は宗教法人の認証を受けることが難しくなっているため、これらの法人まるごとの売買も行われているようです(相場は数百~数千万円といわれます)。

また、法人格をもたずに宗教活動を行っている団体も、数千単位で存在すると推定されます。

◆収入はピンキリの宗教法人！

宗教法人は公益法人に属します。

公益法人は他に、社団、財団、学校、社会福祉などが知られていますが、営利を目的とせず公益に資することを条件に、いずれも特別法に基づき一定の主務官庁の認可や認証を受けて法人格を有しています。

宗教法人の場合は、その活動範囲によって都道府県知事もしくは文部科学大臣からの認証で法人格が認められます。宗教法人法に「礼拝の施設その他の財産を所有し」とあるように、なぜか不動産施設を所有していることが必須の条件になっています。

そのせいでしょうか、宗教法人は全国に無数の土地、建物を保有しています。

しかも、施設が宗教活動に使われるものであれば、取得の際の不動産取得税、毎年の固定資産税、都市計画税も一切かからないことになっています。

もし、ここに課税することが出来れば、毎年2兆円以上の税収が見込めるという税に詳しい専門家らの試算もあります。

ただし、巨大宗教法人（新宗教や巨大寺院・巨大神社）ならともかく、独立採算の小さな寺院や神社だと、収入が少なすぎて、固定資産税を払うと潰れてしまうところも多いでしょう。したがって一律課税はとても無理なのです。

◆課税強化で２兆円の税収も見込める！

また、本来の目的である宗教活動を通じて得る、お布施、戒名、喜捨などの形で集めたお金には、税金が一切かかりません。ここに課税すれば、軽く2〜3兆円とも言われますが、世界的にも宗教法人は非課税が主流なので、ここに税金を課すというのは、無理筋になります。ただし、先進国では、日本よりも宗教法人としての会計監査や報告などは厳しく、日本ほど甘くはないようです。

本来、非課税にする以上は、監査や報告も厳しく行われる必要があるはずです。

ところで、宗教法人は収益事業も行えます（34業種）。

もちろん、それには法人税がかかりますが、一般法人（23・4％）よりも軽減税率が適用され、19％ですむのです（所得800万円以下は15％）。しかも収益の2割までを宗教資産に組み込めますから、所得の圧縮も容易にできます。これに一般法人並みの課税を行えば（2017年度・法人税実効税率29・97％）、およそ1兆円ぐらいの税収は見込めるとも推計されています。

一般法人並みに、せめて保有不動産の一部と収益事業のみに課税するだけでも、宗教法人からは、大体2兆円ぐらいは、税収増が見込めることになるというわけです。

◆宗教法人は脱税の温床として機能！

宗教法人が問題とされるのは、憲法20条の「信教の自由」に守られ、一度宗教法人になると事実上解散もなく存続が許されること、および会計が外部からは不透明なことです。なにしろ、収益事業を行っておらずに、宗教法人としての収入が、8000万円以下なら、税務申告しなくてもよいからです。

これぞ、「坊主丸儲け」の部分でしょう。無申告なら、資金はいくらでも隠せます。8千万円という金額からして大きすぎで、1千万円ぐらいに下げるべきです。

税務署への届け出義務はあっても、その報告内容が適切かどうか、宗教活動の実態がどうなっているかは、到底外部からはうかがい知れないからです。ゆえに、次々と宗教法人を隠れ蓑とした「脱税」が行われることにもなるのです。

宗教法人は儲けを圧縮しやすいからです。

規模の大きな宗教法人は、徹底した税務監査を行うべきなのです。

◆貧乏な寺の住職・神社の神主はどうやって稼いでいるのか？

ちなみに、寺院は各宗派に分かれ、神社はほぼ神社本庁の統括組織ですが、本部からの資金供給はなく、すべての寺院や神社は地域に根ざす形での独立採算制が基本です。したがって、寺や神社の収入はピンキリなのです。

敷地に余裕があり、駐車場や幼稚園、不動産経営などで稼げる寺社がある一方、事実上無収入で誰も住まず、近隣の寺社が複数の休眠寺社をまとめて管理している場合もあります。

都会の寺院なら宗教活動だけで月に100万円以上の収入があっても（非課税）、田舎の寺社だと宗教活動も少なく、ボランティアで住職や神主を務めるケースや、公務員を兼業する場合も多いのです（届け出れば僧侶や神主は公務員の兼職禁止規定除外）。ただし、寺院や神社の建物は、宗教法人名義の古い木造建築物が多く、老朽化のための修繕代、建て替え費用もバカになりません。

世襲で跡を継ぐ人がいなければ廃寺、廃社になるのです。そのため、脱税のために休眠宗教法人が数千万円で売買されたり、貧寺を利用した出家詐欺（寺で得度した写真を撮り、法名の証明書を付けて家庭裁判所で戸籍の名前を変え、ブラック歴を消し融資詐欺を働く）などの犯罪も起こるわけです。

脱税がしやすい宗教法人

単位宗教法人と包括宗教団体

宗教団体／系統	単位宗教法人			包括宗教団体		
	被包括法人	単立法人	合計	法人	非法人	合計
神道系	82,863	2,046	84,909	130	26	156
仏教系	74,536	2,696	77,232	168	30	198
キリスト教系	2,853	1,804	4,657	71	15	86
諸教	14,023	425	14,448	30	5	35
合計	174,275	6,971	181,246	399	76	475

資料：「宗教年鑑・平成28年版」文化庁編より

神樹兵輔（かみき・へいすけ）

経済アナリスト、投資コンサルタント。金融、為替、不動産などの投資情報を提供するマネービルと経済の専門家。
著書に『知らないとソンする！ 価格と儲けのカラクリ』（高橋書店）、『老後に5000万円が残るお金の話』（ワニブックス）、『見るだけでわかるピケティ超図解』（フォレスト出版）、『面白いほどよくわかる最新経済のしくみ』『面白いほどよくわかる世界経済』（日本文芸社）などがある。

知《し》られたくないウラ事情《じじょう》「不都合《ふつごう》な真実《しんじつ》」

2017年9月15日　初版発行
2017年10月23日　2刷発行

著者　神樹兵輔
発行者　常塚嘉明
発行所　株式会社 ぱる出版

〒160-0011　東京都新宿区若葉1-9-16
03(3353)2835 — 代表　03(3353)2826 — FAX
03(3353)3679 — 編集
振替　東京 00100-3-131586
印刷・製本　中央精版印刷(株)

ISBN978-4-8272-1078-1 C0034